Schildkröten im Gartenteich

Veronika Müller · Wolfgang Schmidt

24 Farbabbildungen
41 Schwarzweißabbildungen
7 Zeichnungen

NTV

Natur und Tier – Verlag

Allgemeiner Teil

Artenteil

Titelbild: Gartenteich (Matthias Schmidt)
Foto oben: *Emydoidea blandingii* (Wolfgang Hemmer)
Foto unten: *Trachemys scripta elegans* (Matthias Schmidt)

ISB N 3-931587-00-2

Satz und Druck: Druckhaus Cramer, Greven

Vorwort

Im Laufe der Zeit hat der Garten deutlich an Freizeitwert gewonnen. Wandelt er sich doch mehr und mehr vom reinen Nutzgarten zum Erholungs- und Freizeitraum sowie zum Lebensraum für zahlreiche interessante und seltene Tierarten.

Viele Gartenfreunde haben das Bedürfnis, sich eine persönliche Insel der Ruhe, zum Abschalten vom täglichen Alltagsstreß zu schaffen. Ein wichtiges Element stellt für sie der Gartenteich dar. Er dient vielen Vogelarten als Tränke und ist zugleich die Heimat zahlreicher Insekten- und Amphibienarten. In nahezu jedem Teich tummeln sich die unterschiedlichsten Fische, und als Besonderheit fällt die Auswahl geeigneter Teichbewohner immer häufiger auf eine Schildkröte.

Während die Menschen im allgemeinen den Reptilien eher mit Skepsis und Abneigung begegnen, reagieren sie auf Schildkröten in der Regel sehr positiv. Was dieses Phänomen genau ausmacht, läßt sich nur schwer beschreiben. Vielleicht liegt es daran, daß gerade die Wasserschildkröten eine enorme Zutraulichkeit entwickeln und ihrem Pfleger beispielsweise schon nach kurzer Zeit aus der Hand fressen.

Mit diesem Buch wollen wir allen Naturfreunden, die gerne eine Schildkröte im eigenen Gartenteich pflegen möchten, eine Auswahl an geeigneten Arten vorstellen, um auf diese Weise möglichen Enttäuschungen vorzubeugen.

Bevor man sich eine Wasser- oder Sumpfschildkröte zulegt, sind einige Besonderheiten, die für alle Arten gelten, zu beachten. Sie sollen in diesem Buch ausführlich dargestellt werden.

Neben wichtigen Aspekten zur Pflege der Tiere bezieht sich das Werk auch auf die Freilandanlagen selbst, die z. B. immer gegen ein Ausbrechen der Tiere zu sichern sind. Wenn man einmal von den kleinen Reliktvorkommen der Europäischen Sumpfschildkröte (*Emys orbicularis*) absieht, gilt keine Wasser- oder Sumpfschildkröte als natürlicher Bestandteil unserer Fauna. Einige Herpetologen gehen sogar davon aus, daß die Populationen der Europäischen Sumpfschildkröte nördlich der Alpen auf Verschleppung beruhen. Lediglich in Brandenburg dürften noch natürliche Reliktpopulationen aus klimatisch günstigeren Zeiten existieren. Die teilweise bestehenden Populationen der Rotwangen-Schmuckschildkröte (*Trachemys scripta elegans*) sind darauf zurückzuführen, daß einige Zeitgenossen gedankenlos und unverantwortlich „überzählige" Tiere ausgesetzt haben. Glücklicherweise reichen die hiesigen Temperaturen nicht zum Bebrüten der Eier aus, so daß sich die Tiere nicht ohne weiteres vermehren können. Jeder Liebhaber, der seine im Gartenteich gepflegten Schildkröten auch nachzüchten möchte, muß daher einige Vorkehrungen treffen, die ebenfalls Gegenstand dieses Buches sind.

Das Buch stellt keine Enzyklopädie dar, vielmehr will es Ratschläge und Anregungen zur richtigen Pflege von Wasser- und Sumpfschildkröten im Gartenteich geben.

Soest, im Herbst 1995
Veronika Müller und Wolfgang Schmidt

Der Gartenteich als Biotop

Es ist kein Geheimnis, daß alles Leben im Wasser begann, und so stellt auch heute noch das Wasser einen faszinierenden Lebensraum für zahlreiche Pflanzen und Tiere dar. Das gilt ganz besonders für die reichhaltige Tierwelt in und an Teichen und Tümpeln, aber auch für den Gartenteich. Zwar handelt es sich in einer Gartenanlage überwiegend um den typischen Goldfischteich, doch selbst dieser wird von zahlreichen weiteren Tieren genutzt. Immer mehr Menschen gehen dazu über, ihren Gartenteich als naturnahen Lebensraum für einheimische Tier- und Pflanzenarten anzulegen. Schnell siedeln sich in diesen künstlich geschaffenen Biotopen verschiedene Amphibien, Wirbellose und andere interessante Tiere an.
Eine immer größer werdende Gruppe von Gartenteichfreunden widmet sich zunehmend auch der Pflege „exotischer“ Tiere. An erster Stelle sind hier die Wasserschildkröten zu nennen.
Eine Reihe von Arten eignet sich für die ganzjährige Pflege im Gartenteich, aber nur drei dieser Wasser- und Sumpfschildkröten stammen ursprünglich aus Europa. Dazu zählen die Kaspische Wasserschildkröte (*Mauremys caspica rivulata)*, die Maurische Wasserschildkröte (*Mauremys leprosa)* und die Europäische Sumpfschildkröte (*Emys orbicularis*).
Vor der Anschaffung der neuen Teichbewohner sollte man sich immer über einige Dinge im klaren sein. Alle Sumpf- und Wasserschildkröten sind von Natur aus Raubtiere. Das bedeutet, daß sie den meisten Mitbewohnern im Gartenteich auf Dauer nachstellen. Besonders gefährlich werden sie den Amphibien, deren Laich und Larven. Fische sind in der Regel schneller, doch auch sie können zur Beute dieser ausdauernden Jäger werden. Aber nicht nur bei der Jagd im Wasser sind die Schildkröten sehr aktiv. Ausdauernd und geschickt sind sie ebenfalls, wenn es um das Ausbrechen aus ihrem Gehege geht. Keinesfalls darf man ihre Kletterkünste unterschätzen! Eine hohe Absperrung muß die Tiere unbedingt am Entkommen hindern. Wie schon erwähnt, gehören nahezu alle Sumpf- und Wasserschildkröten nicht in unsere einheimische Fauna, und daher würde jeder Ausbruch eine Faunenverfälschung bedeuten. Auch darf man nicht darauf vertrauen, daß die Schildkröten mangels weiterer Lebensräume nach kurzer Erkundung der gesamten Umgebung wieder zum Teich zurückkehren. Haben sie sich erst einmal auf den Weg gemacht, sieht man die Tiere im Normalfall nicht mehr wieder.
Jeder Teichbesitzer sollte sich vor der Anschaffung einer Sumpf- oder Wasserschildkröte genau überlegen, ob er ein naturnahes Biotop für einheimische Amphibien oder ein „Freilandgehege“ zur Haltung von Schildkröten anlegen will. Speziell in relativ kleinen Teichanlagen ist eine Kombination nahezu unmöglich. Nicht vergessen darf man, daß viele der im Han del angebotenen Wasserschildkröten zwar die Sommermonate über im Teich leben können, aber im Haus überwintert werden sollten (siehe Überwinterung).
Wer den Entschluß gefaßt hat, sich der

Schildkrötenpflege zu widmen, dem seien hier die erforderlichen Hinweise und Anleitungen gegeben. Sicher ist die Entscheidung nicht allzuschwer gefallen, denn der „Charakter" der Schildkröten spricht für sich. Nicht umsonst sind die Tiere so beliebt.

Einmal angeschafft, verlieren die Schildkröten in der Regel schon nach einer kurzen Eingewöhnungsphase ihre Scheu und werden sehr zutraulich. Nicht nur, daß sie sich ungestört beobachten lassen, sie werden sogar „zahm" und schwimmen ihrem Pfleger, sobald er in ihrem Blickfeld auftaucht, in der Erwartung eines Leckerbissens entgegen.

Eine Rotwangen-Schmuckschildkröte wartet auf die Fütterung. Foto: Matthias Schmidt

Anforderungen an den Gartenteich

Im Idealfall hat man sich bereits vor dem Anlegen eines Gartenteiches über die Haltung und Zucht von Wasser- und Sumpfschildkröten informiert, so daß Besonderheiten, die die Tiere an ihren Lebensraum stellen, schon in der Planungsphase berücksichtigt werden können. Schließlich soll die „Freilandanlage" nicht nur ein Juwel gartenarchitektonischer Gestaltung werden, sondern natürlich auch auf das Wohlergehen der Tiere ausgelegt sein.
Im Hinblick darauf drängt sich zunächst die Frage nach dem richtigen Standort auf. Doch ist der nicht allein ausschlaggebend für die erfolgreiche Schildkrötenpflege im Gartenteich. Nur durch die richtige Kombination der verschiedenen Anforderungen gelingt diese Aufgabe auf Dauer. Im folgenden werden die unterschiedlichen Kriterien Punkt für Punkt behandelt.

Eigens für die Schildkrötenhaltung wurde dieser Teich angelegt. Foto: Wolfgang Hemmer

Standort: Selbstverständlich ist die Planung eines Gartenteiches stark abhängig von den örtlichen Gegebenheiten. Oft lassen die Form des zur Verfügung stehenden Grundstückes, dessen Bebauung und Bepflanzung oder die Bodenbeschaffenheit nur wenige Alternativen zu.
Ein ganz entscheidender Punkt im Hinblick auf die Schildkrötenpflege ist die sonnenexponierte Ausrichtung des Teiches. Es ist darauf zu achten, daß sowohl der Teich als auch die Uferzonen Sonnenlicht bekommen, insbesondere die Sonnen- und Eiablageplätze. Durch Bäume beschattete Wasserflächen bringen neben den unerwünschten geringeren Temperaturen auch andere Nachteile mit sich. So sind die Lichtverhältnisse im Schattenbereich oft zu ungünstig, um das Überleben der eingesetzten Wasserpflanzen zu gewährleisten. Hinzu kommt, daß der Teich durch den Laubabwurf verschmutzt wird. Ideal ist daher immer ein möglichst sonniger und freier Platz an der Südseite des Gartens.
Ein rein technisch bedingter Standortfaktor kann durch die Möglichkeit, einen Strom- und Wasseranschluß in Teichnähe zu haben, gegeben sein. Dieser Punkt wird im Kapitel „Technik“ kurz umrissen.

Größe: Wie groß muß ein Gartenteich für die Pflege von Wasser- oder Sumpfschildkröten eigentlich sein? Zur Beantwortung dieser Frage müssen verschiedene Faktoren berücksichtigt werden. Es gilt: Zu groß kann der Teich nicht sein. Wie schon im Kapitel „Standort“ angesprochen, stehen der flächenmäßigen Ausdehnung oft diverse Einschränkungen gegenüber, die auch die Form und Größe des Gartenteiches festlegen. Ebenfalls bestimmt wird die Größe durch den geplanten Tierbestand. Ein Teich zur Pflege einer kleinen Gruppe Wasserschildkröten, die sich am besten aus einem Männchen und zwei Weibchen zusammensetzt, sollte eine Wasseroberfläche von mindestens fünf bis acht Quadratmetern haben. Die Form spielt nur eine untergeordnete Rolle.

Wassertiefe und Volumen: Zwei ganz entscheidende Faktoren für das Ja oder Nein zur ganzjährigen Schildkrötenpflege im Gartenteich sind die Wassertiefe und die Wassermenge. Als Faustregel gilt, daß man für eine mittelgroße Schildkröte etwa einen Kubikmeter Wasser benötigt. Die Frage der Wassertiefe ist in erster Linie

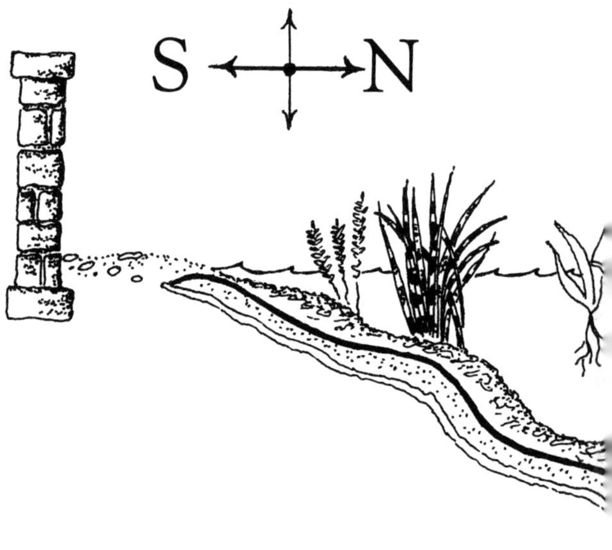

davon abhängig, ob die Schildkröten im Teich überwintern sollen, oder ob man die Tiere im Herbst herausfängt und die kalte Jahreszeit über im Haus pflegt. Sollen die Tiere ganzjährig im Freien bleiben, so muß die Wassertiefe mindestens einen Meter betragen. Hinzu kommt, daß die tiefste Stelle nicht unter einem Quadratmeter groß sein und ungefähr in der Teichmitte liegen sollte.
Werden die Schildkröten zur Überwinterung am Jahresende aus dem Teich herausgefangen, so kann man die maximale Wassertiefe von anderen Faktoren, wie zum Beispiel der Bepflanzung abhängig machen. Besonders gerne halten sich die Schildkröten in den Flachwasserzonen der Teichanlage auf. Diese Bereiche sollten eine Tiefe von 10 bis 40 cm haben und recht groß bemessen sein, damit sich das Wasser dort schnell erwärmen kann.

Untergrund: Es gibt die unterschiedlichsten Möglichkeiten und Materialien, die beim Bau eines Gartenteiches Verwendung finden können. Bezogen auf die Schildkrötenhaltung gibt es jedoch einige Einschränkungen.
Sehr praktisch und haltbar sind zum Beispiel die im Handel angebotenen Fertigteiche, die zur Installation einfach im Garten eingegraben werden. Eine weitere Möglichkeit ist der gegossene Teichboden aus Beton. Bei beiden Varianten sind die Gestaltungsmöglichkeiten jedoch wesentlich eingeschränkter als zum Beispiel beim Fo-

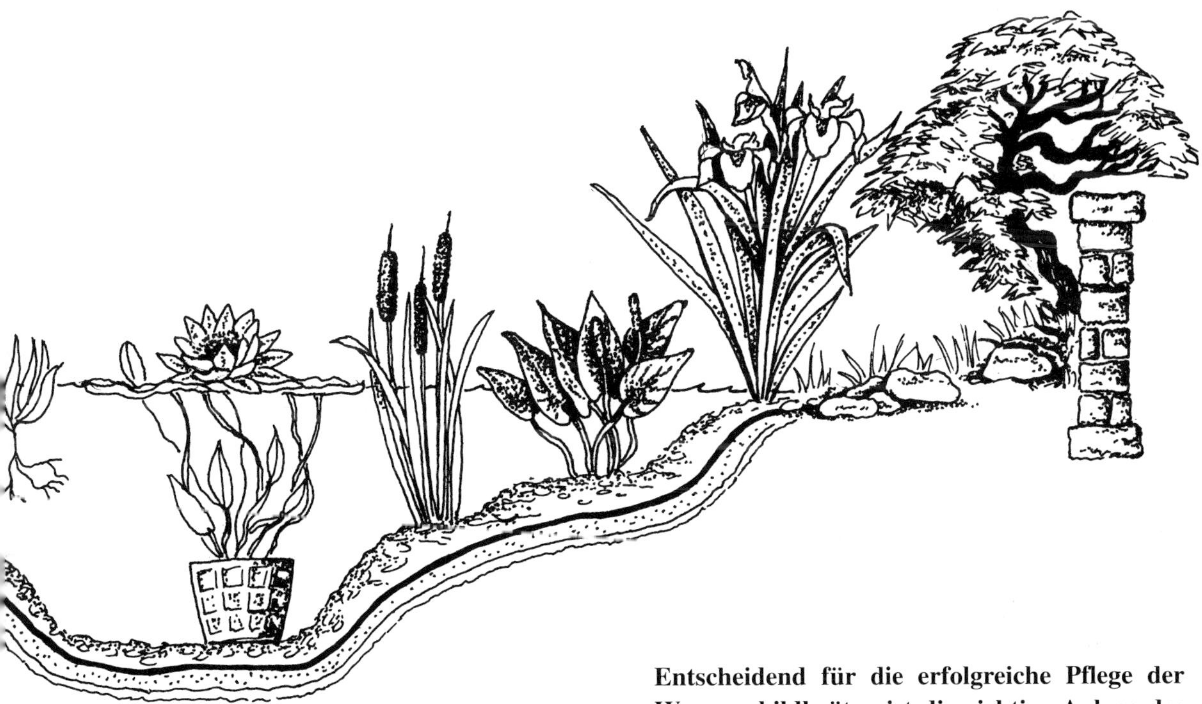

Entscheidend für die erfolgreiche Pflege der Wasserschildkröten ist die richtige Anlage des Gartenteiches. Zeichnung: Marianne Hoffmann

lienteich, der mittlerweile zu den beliebtesten zählt. Der besondere Vorteil der Folie ist ihre nahezu unbeschränkte Einsatzfähigkeit: Sie paßt sich jedem Untergrund an und wird durch Zusammenschweißen dicht verlegt. Um beim Verschweißen ärgerliche Pannen zu vermeiden, sollte man diese Arbeiten von einem Gartenbaufachbetrieb ausführen lassen. Die Qualität vieler Folien ist so hervorragend, daß einige Hersteller sogar 10 Jahre Garantie geben. Geeignet sind vor allem PVC-Teichfolien, die regeneratfrei sein sollen, eine hohe Belastbarkeit und UV-Stabilität aufweisen, wurzelfest, giftfrei und mindestens zwei Millimeter stark sind. Sehr wichtig ist auch, daß die Folie durch eine am Boden liegende Erd- oder Steinschicht (ideal sind größere Kieselsteine) gegen Beschädigung durch grabende Wasserschildkröten geschützt wird.
Naturnah gebaute Teiche können nur unter bestimmten Voraussetzungen zur Haltung von Sumpf- oder Wasserschildkröten verwendet werden. Grundsätzlich sind zwar Lehm und Ton geeignete Teichbaumaterialien, doch können die Schildkröten die Schicht beim Graben durchdringen, wodurch der Teich undicht werden und langsam auslaufen würde. Wer es trotzdem mit diesen natürlichen Materialien versuchen will, sollte die Tonschicht dicker als 10 cm auslegen.

Uferzone: Große Bedeutung kommt der Ufergestaltung zu. Alle Wasserschildkröten halten sich bei günstigen Wetterbedingungen auch gerne an Land auf. Viele Tiere lieben es, sich auf einer alten Wurzel oder einem Baumstamm zu sonnen, der aus dem Flachwasserbereich herausragt und eine Übergangszone zum Landteil darstellt. Ebensogerne sonnen sie sich auf einer Insel, die ihnen ein besonderes Gefühl von Sicherheit bietet. Auch kleinere Schattenplätze sind sinnvoll, obschon sie nur sehr selten genutzt werden. Wird es den Tieren im Hochsommer zu warm, tauchen sie im Regelfall einfach in tiefe und kühlere Wasserschichten ab.
Um den Uferbereich möglichst günstig für die Schildkröten zu gestalten, darf der Böschungswinkel nicht zu steil gewählt werden. Die Schildkröten müssen jederzeit in der Lage sein, problemlos an Land zu gelangen. Glatte Randbereiche sollten zum Beispiel durch Steine abgedeckt werden.
Auch der Landteil ist entsprechend der Schildkrötenpflege vorzubereiten.
Selbstverständlich muß den Tieren die Möglichkeit gegeben werden, geeignete Eiablageplätze zu finden. Dafür wird die Erde an einer leicht zu erreichenden Stelle am Südufer abgetragen und durch einen hohen, lockeren Sandhügel ersetzt. Dieser muß immer an einer sehr sonnenexponierten Stelle des Ufers liegen. Die trächtigen Weibchen wählen instinktiv den günstigsten Platz und vergraben dort ihr Gelege. Da die Temperaturen in unseren Breiten normalerweise zum Bebrüten der Eier nicht ausreichen, sollten diese künstlich in einem Inkubator (Brutbehälter) gezeitigt (bebrütet) werden. Hierfür müssen die Eier aus dem Freilandgehege entnommen werden. Dies klingt einfach, ist es aber häufig nicht, denn zunächst muß man das Gelege finden. Ohne die vorbereiteten Eiablageplätze ist dies nahezu unmöglich.

Technik: Werden viele Schildkröten in einer relativ kleinen Anlage gepflegt,

schlägt sich das natürlich schnell auf die Wasserqualität nieder. Um diesem Problem entgegenzusteuern, muß entweder eine leistungsstarke Filterung eingesetzt werden, oder es ist ein mehr oder weniger häufiger Wasserwechsel erforderlich.
Um den Wasserwechsel und das Auffüllen des Teiches zu vereinfachen, empfiehlt sich das Einleiten von Regenwasser. Es kann über ein Schlauchsystem, das an das Fallrohr der Regenrinne angeschlossen wird, direkt in den Teich geleitet werden. Aber nicht nur die Wasserversorgung ist bei der Teichanlage zu bedenken, auch eine ausreichende Drainage des Ufers sollte berücksichtigt werden.
Bei jeder Neuanlage eines Gartenteiches ist es sinnvoll, von vornherein eine Filterung einzuplanen, da sie wesentlich zur Verbesserung der Wasserqualität beiträgt. Zu diesem Zweck wird das Wasser an der tiefsten Stelle im Teich abgepumpt und

Über die Filterung kann sogar eine kleine Fontäne betrieben werden. Foto: Matthias Schmidt

zum Beispiel über einen großen, separat in einem Hügel verborgenen Rieselfilter wieder in den Teich zurückgeführt. Die Bewegung des Wassers und das plätschernde Geräusch stellen eine zusätzliche Attraktion im Garten dar und faszinieren Groß und Klein.
Für die Planung der Teichanlage bedeutet das natürlich, daß ein Stromanschluß erforderlich ist. Außer zum Betreiben der Filteranlage kann die Stromversorgung auch für den Betrieb einer oder mehrerer Heiz- oder Gartenlampen genutzt werden. Besonders im Frühjahr und im Herbst, wenn die Außentemperaturen niedrig sind, wissen die Schildkröten diese künstlichen „Sonnenplätze“ sehr zu schätzen. Leicht lassen sie sich zum Beispiel unter einem nach zwei Seiten offenen Frühbeet installieren. Optimale Schildkrötenanlagen sind mit Lichtmessern und elektronischen Thermostaten ausgerüstet, die im Frühjahr und Herbst, wenn die Sonnenscheindauer und die Temperaturen nicht ausreichen, dafür sorgen, daß die Strahler automatisch eingeschaltet werden.
An dieser Stelle muß ein Hinweis zur technischen Sicherheit gegeben werden. Alle Geräte (Beleuchtung und Pumpe usw.) müssen technisch unbedingt sicher und für den Gebrauch im Freiland geeignet sein. Wasser und Strom sind bei Unfällen eine tödlich wirkende Kombination. Daher sollten zum Beispiel nur wasserdichte Lampen mit VDE-Zeichen verwendet werden. Diese sind im Zoofachhandel und in jedem Gartencenter in großer Auswahl vorhanden.

Umzäunung: Wer nicht selbst einmal gesehen hat, welch geschickte Kletterer die

Wasser- und Sumpfschildkröten sind, wird diesem Thema keine große Bedeutung beimessen. Doch um der Faunenverfälschung vorzubeugen, muß die Einfriedung immer mit größter Gewissenhaftigkeit erfolgen. Oft sind die Gärten zu den Nachbargrundstücken bereits so gut abgesichert, daß sich eine weitere Absperrung der eigentlichen Teichanlage erübrigt. Ist das nicht der Fall, so muß eine geeignete Umzäunung angelegt werden. Da einige Arten gerne graben, und damit die Abgrenzung eine möglichst große Stabilität erhält, sollte sie zumindest 30 cm tief in den Boden eingelassen werden. Am einfachsten und am schönsten ist eine Mauer aus Naturstein, die an der Innenseite glatt verputzt wird. Wichtig ist, daß der Verlauf ohne winkelige Ecken, also möglichst fließend ist. Gegebenenfalls sind die Ecken besonders gegen Ausbruchsversuche zu schützen. Dafür eignet sich zum Beispiel eine überstehende Abdeckung der Natursteinmauern, die im übrigen sehr dekorativ bepflanzt werden kann. Als ausreichende Höhe der Abgrenzung kann man etwa die dreifache Panzerlänge der Schildkröte betrachten. Ebenfalls hervorragend geeignet sind Plastikwände, die es in verschiedenen Höhen in Gartencentern zu kaufen gibt. Weniger geeignet sind niedrige Zäune aus Draht, da sie unter Umständen von den Schildkröten erklettert werden können. Natürlich ist unbedingt darauf zu achten, daß an keiner Stelle unmittelbar an der Abgrenzung Pflan-

Um das Abwandern der Schildkröten zu verhindern, kann die Teichanlage z. B. durch eine kleine Mauer abgesichert werden.
Foto: Stefan Eschen

Diese Freilandanlage wurde eigens für die Schildkrötenpflege konstruiert. Es handelt sich um einen Folienteich, der durch eine Umzäunung aus verzinktem Eisenblech abgesichert ist. Die Bleche sind an der Oberkante um 90° abgewinkelt und nach außen mit halbierten Palisaden verkleidet. Foto: Wolfgang Hemmer

zen wachsen, die einen Ausbruch begünstigen könnten.

Alle diese Maßnahmen müssen aber auch unter der Prämisse der Kindersicherheit gesehen werden. Es ist unter allen Umständen sicherzustellen, daß Kleinkinder niemals unbeaufsichtigt an das Gewässer gelangen.

Bepflanzung: Bei der Auswahl geeigneter Wasser- und Sumpfpflanzen für den Gartenteich darf man sich von rein ästhetischen Gesichtspunkten leiten lassen. Die Schildkröten sind in dieser Beziehung sehr anpassungsfähig und auch im natürlichen Lebensraum nicht auf einen bestimmten Bewuchs spezialisiert. Das Angebot an geeigneten Pflanzen ist riesig. Man sollte sich daher im Handel ausgiebig beraten lassen und die Zusammenstellung nach der Anspruchslosigkeit und Pflegeleichtigkeit treffen.

Alle Schildkröten ernähren sich gelegentlich auch von pflanzlicher Kost. Bei einigen Arten stellt sie sogar einen festen Nahrungsbestandteil dar. Doch selbst in diesem Fall spielt das Fressen der im Sommer ohnehin üppig wuchernden Vegetation im Regelfall nur eine untergeordnete Rolle. Haben sich die Schildkröten erst einmal an die käuflichen Futterpellets gewöhnt, werden sie die Bepflanzung weitgehend schonen und lieber auf die Fütterung durch ihren Pfleger warten.

Eines besonderen Augenmerks bedarf dagegen die Ufergestaltung. Die Bepflanzung sollte den Blick auf die Tiere nicht behindern. Muß man sich erst einen Weg durch die Vegetation bahnen, um die Tiere sehen zu können, werden diese schreckhaft und scheu. Aus diesem Grund ist auf eine Bepflanzung an der Einsichtstelle zu verzichten. Hier bietet sich beispielsweise die Anlage eines kleinen Kiesstrandes an, an den sich zunächst nur niedrig wachsende Pflanzen anschließen. Möglichst erst auf der anderen Uferseite sollten sich dann die größeren Stauden wie zum Beispiel Schilf anreihen. Auch gilt es, die Einsichtstelle möglichst an die Südseite zu legen, damit die hohe Bepflanzung am nördlichen Ufer keine Sonneneinstrahlung abhält.

Schildkröten und ihre Abstammung

Schildkröten gehören zu den Reptilien, trotz wesentlicher Merkmale, in denen ihre Anatomie von diesen abweicht. Bereits vor über 200 Millionen Jahren haben sich die Schildkröten zu einer eigenständigen Reptilienordnung (Testudines) entwickelt. Doch trotz zahlloser fossiler Funde ist über die genaue Entwicklungsgeschichte und Abstammung vieles unbekannt. Vermutlich sind sie aus einer recht ursprünglichen Sauriergruppe hervorgegangen und haben sich dann parallel zu den übrigen Reptilien entwickelt. Sicher ist jedoch, daß die Schildkröten die urtümlichste Gruppe der Kriechtiere sind, älter als viele Saurier und andere längst ausgestorbene Formen. Im Laufe der Evolution haben sie dann zwei große, recht unterschiedliche Entwicklungslinien eingeschlagen, so daß alle Schildkrötenarten heute in zwei Unterordnungen eingeteilt werden. Da wären als erstes die Halswender (Pleurodira). Sie gelten evolutionsmäßig als eher konservativ und sind ausschließlich auf das Süßwasser der südlichen Kontinente beschränkt. Die andere Unterordnung bilden die Halsberger (Cryptodira). Diese Gruppe ist weit artenreicher, hat als unterschiedlichste Lebensräume das Land, das Süßwasser und

Alle für den Gartenteich geeigneten Arten gehören zu den Halsbergern.

Foto: Wolfgang Schmidt

sogar das Meer erobert und ist heute vorwiegend auf der nördlichen Halbkugel zu finden. Die Unterscheidung, welcher Gruppe die einzelnen Arten zuzuordnen sind, ist recht einfach: Die Halsberger sind in der Regel in der Lage, ihren Kopf in den Panzer einzuziehen, während die Halswender den Kopf seitlich unter dem Panzer anlegen. Alle für den Gartenteich in Frage kommenen Arten stammen aus der letzteren Unterordnung.

Besonderheiten

Das erste, woran man denkt, wenn über Schildkröten gesprochen wird, ist der Panzer. Dieser ist auch das herausragendste Merkmal, das sie von allen anderen Reptilien unterscheidet. Es handelt sich um einen Knochenpanzer, der sich aus umgestalteten Knochen des Skeletts, aber auch aus Hautknochen entwickelt hat. Der Panzer ist mit einer Art Oberhaut, bestehend aus großen Hornplatten, bedeckt. Diese finden sich sowohl auf dem Rücken- als auch auf dem Bauchpanzer, sind aber nicht deckungsgleich mit den darunterliegenden Panzerknochenplatten. Die Anordnung der äußeren Hornplatten ist bei den einzelnen Arten in der Regel relativ konstant und wird folglich als einer der wichtigsten Hinweise zur Bestimmung der Artzugehörigkeit nach einfachen morphologischen Merkmalen genutzt. So haben zum Beispiel die Angehörigen der Gattung *Clemmys* zwischen Bauch- und Rückenpanzer sogenannte Zwischenschilder, die entweder als Achsel- oder als Hüftschilderpaare ausgebildet sind. Nur die Japanische Wasserschildkröte (*Mauremys japonica*) besitzt zusätzlich ein weiteres Zwischenschilderpaar. Die Europäische Sumpfschildkröte (*Emys orbicularis*) andererseits hat gar keine Zwischenschilder. Bei den *Emys*-Arten liegt ein knorpeliges Bauchscharnier genau zwischen den sechs Brust- und den sechs Bauchschildern, wodurch eine minimale Beweglichkeit der beiden Bauchpanzerhälften zueinander ermöglicht wird. Jede dieser Hornplatten wächst von einem Mittelfeld – der Areole – aus kontinuierlich entsprechend der zunehmenden Größe des Panzers weiter. Bei einigen Arten vergrößert sich das jeweilige Hornschild unter dem alten, so daß bei stetiger Wiederholung die Rückenschilder konzentrisch reifen, ähnlich den Jahresringen der Bäume. Andere Arten stoßen die alten Hornschilder nach der Bildung neuer einfach ab.

Die übrigen Körperteile sind mit der typischen Reptilienhaut bedeckt, die sich durch Drüsenarmut und somit durch Trok-

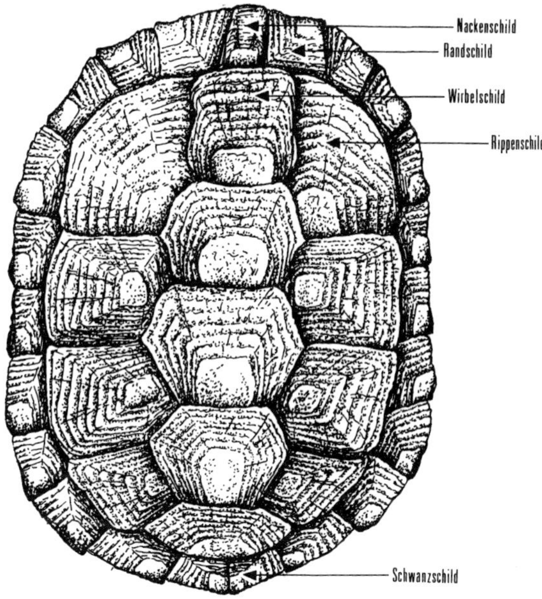

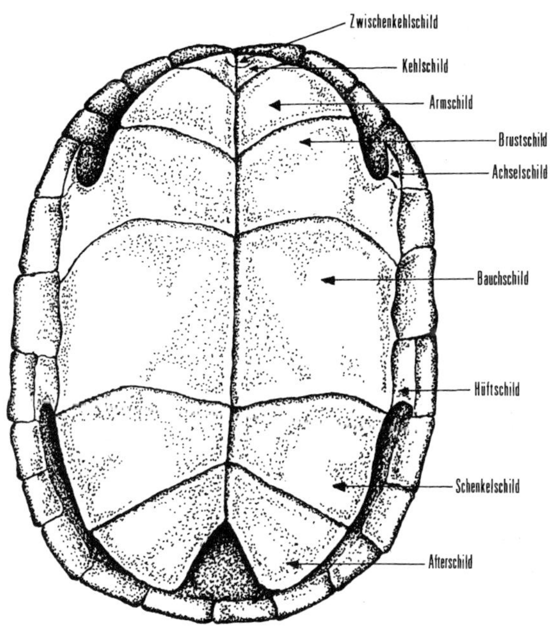

kenheit und starke Verhornung auszeichnet. Auf den Gliedmaßen und dem Schwanz können die Hornschuppen eine körnige oder tafelförmige Gestalt annehmen. Sie stehen dann entweder in Reihe oder geschindelt. Die anderen Körperpartien sind mit einzelnen feinen Körnerschuppen bedeckt. Nur auf dem Schädel können auch größere Hornplatten vorhanden sein. Zwischen den freien Zehen und Fingern spannen sich Schwimmhäute. Als weitere Hautausbildung tragen die Schildkröten an den Vorderbeinen fünf, und an den Hinterbeinen jeweils vier Krallen.

Als eine besondere Anpassung an die Umweltbedingungen kann man bei vielen Wasser- und Sumpfschildkröten Formen der Mimikry beobachten. So sorgen die Hautzipfel, die bizarre Panzerform und die Färbung der Schnappschildkröte (*Chelydra serpentina*) für eine perfekte Auflösung ihrer Strukturen im natürlichen Habitat. Zusätzlich vergraben sich einige Arten zur Tarnung im Schlamm oder weisen Algenbewuchs auf dem Rückenpanzer auf.

Kurz erwähnen wollen wir noch die bei vielen Wasserschildkröten gut ausgebildeten Moschusdrüsen, deren Hauptaufgabe wahrscheinlich das Absondern von Duftstoffen während der Paarungszeit ist.

Eine Besonderheit stellt auch die Atmung dar. Sind doch die Schildkröten aufgrund ihres speziellen Körperbaus nicht in der Lage, wie andere landbewohnende Wirbeltiere durch Bewegungen ihres Brustkorbes zu atmen. Sie mußten wegen der starren „Hülle" andere Mechanismen entwickeln. So wird die Luft durch eine besondere Muskulatur eingezogen bzw. wieder herausgepreßt. Dies kann noch unterstützt werden durch rhythmisches Anziehen und Anheben der Vorderbeine, aber auch durch Heben und Senken des Zungenbeines bei nur schwacher Atmung. Die Lungen haben aber noch weitere Aufgaben. Sie erfüllen beim Tauchen die Funktion einer Schwimmblase. Da sie untereinander Luft austauschen können, sind Richtungsänderungen beim Ab- und Auftauchen leicht möglich. Sind die Wasserschildkröten erkältet, oder haben sie sogar eine Lungenentzündung, so erkennt man dies häufig an einer Art Schräglage, die die Tiere im Wasser aufweisen. Dies liegt vor allem daran, daß sich das Wasser in den Lungen ansammelt und nicht ausgehustet werden kann. Auch die Sinnesorgane, allen voran die Augen, sind gut entwickelt. Sie sind durch Augenlider und Nickhaut geschützt und werden durch gut ausgeprägte Tränendrüsen feucht gehalten. Das Sehvermögen ist sehr gut. Die Schildkröten erkennen ihren Pfleger häufig schon aus größerer Entfernung.

Ebenfalls gut entwickelt ist der Geruchssinn. Mit seiner Hilfe finden die Schildkröten Nahrung und ihre Geschlechtspartner. Um beim Schwimmen oder Tauchen zu riechen, leiten die Tiere Wasser durch die Nase hin und her. Erwähnt werden sollte noch der Temperatursinn, der es den Schildkrötenweibchen ermöglicht, den optimalen Eiablageplatz zu finden.

Abb. 1: Ein üppiger Bewuchs bietet den Schildkröten Schutz und Nahrung.
Abb. 2: Teiche für die Schildkrötenpflege sollten flache Uferbereiche haben.
Foto: Wolfgang Schmidt
Rotwangen-Schmuckschildkröte (l.), Tropfenschildkröte (r.)
Fotos: Matthias Schmidt

3

4

Nicht so gut entwickelt ist das Gehör. Die Schildkröten können nur Töne bis 1000 Hertz wahrnehmen und folglich nicht auf ihren Namen reagieren.
Nie vergessen darf man, daß die Schildkröten zu den sogenannten wechselwarmen Tieren gehören. Das heißt, ihre Körpertemperatur ist abhängig von der Umgebungstemperatur. Sie sind nicht in der Lage, wie Vögel oder Säugetiere ihre Körpertemperatur durch physiologische Prozesse zu regulieren. In der Regel erhalten die Tiere ihre notwendige „Betriebstemperatur" direkt von der Sonne. Deshalb begeben sie sich erst zur Nahrungsaufnahme ins Wasser, wenn sie sich optimal aufgeheizt und ausreichend Wärme „gespeichert" haben. Besonders am frühen Morgen, im Frühjahr aber auch während des ganzen Tages, kann man die Schildkröten bei ausgiebigen Sonnenbädern beobachten. Dafür erklimmen sie gerne aus dem Wasser ragende Wurzeln, spreizen alle Gliedmaßen möglichst weit von sich ab und strecken den Panzer in einem idealen Winkel den Sonnenstrahlen entgegen. Dagegen suchen sie bei zu starker Erwärmung Abkühlung in tieferen Wasserschichten.

Anschaffung geeigneter Schildkröten

Hat man endgültig den Entschluß gefaßt, sich Wasser- oder Sumpfschildkröten für den eigenen Gartenteich anzuschaffen, so stellt sich die Frage, welche Arten geeignet sind. Wir haben versucht, diese Frage in den „Artenbeschreibungen" zu beantworten. Dort wird neben den Tieren, die ganzjährig im Gartenteich gepflegt werden können, zusätzlich eine Auswahl an Arten gegeben, die zwar für eine Pflege im Gartenteich geeignet sind, jedoch eine spezielle Überwinterung benötigen. Es gibt noch eine ganze Reihe weiterer Arten, die zumindest zeitweise im Sommer in einem Gartenteich gepflegt werden können. Da sie jedoch in der Regel wesentlich empfindlicher sind und bei Schlechtwetterperioden sofort ins Haus geholt werden müssen, verzichten wir auf ihre Beschreibung.
Bei der Auswahl einer Schildkrötenart sollten die klimatischen Gegebenheiten, die in Deutschland und den angrenzenden Ländern recht unterschiedlich sein können, immer berücksichtigt werden. Übertrieben ausgedrückt: Was im Rheingraben möglich ist, ist für die Zugspitze nicht zu empfehlen. Nicht nur das Klima bei uns kann recht unterschiedlich sein. Auch in ihren Herkunftsländern bewohnen einige Arten riesige Verbreitungsgebiete mit stark unterschiedlichen Klimaten. Das kann bedeuten, daß sich die Tiere einer Art aus den

Abb. 3: Besonders hübsch gezeichnet ist die relativ klein bleibende Tropfenschildkröte. Foto: Wolfgang Schmidt

Abb. 4: Ausgezeichnet für die Pflege im Gartenteich geeignet ist die Europäische Sumpfschildkröte *Emys orbicularis*. Das abgebildete Tier wurde im natürlichen Biotop auf der Insel Pag, Kroatien, fotografiert. Foto: Wolfgang Hemmer

nördlichen Lebensräumen hervorragend für unsere Wetterverhältnisse eignen, die aus den südlichen Populationen dagegen nicht. Es ist daher auch nicht verwunderlich, daß es die unterschiedlichsten Meinungen zum Thema „ganzjährige Pflege von Sumpf- oder Wasserschildkröten im Gartenteich" gibt. Mit Hilfe der im Artenteil gegebenen Informationen lassen sich Fehler bei der Anschaffung der Tiere von vornherein vermeiden.

Viele der auch für den Gartenteich geeigneten Schildkröten werden über den Zoofachhandel angeboten. Die Tiere stammen oft aus den USA, wo sie in erster Linie zu Nahrungszwecken, nur untergeordnet für den Liebhaber gezüchtet werden. In beinahe jedem Zoogeschäft und Gartencenter wurde noch bis vor kurzem die Rotwangen-Schmuckschildkröte (*Trachemys scripta elegans*) in großen Mengen recht preiswert angeboten. Scheinbar war sie zu preiswert, denn zahlreiche „Liebhaber" haben ihre Tiere, als sie ihrer überdrüssig wurden, einfach an einem Fluß, See oder Teich ausgesetzt. Dies rief den Gesetzgeber auf den Plan, und so wurde ein generelles Einfuhrverbot für die Art erlassen. Das ist bedauernswert, denn die Rotwangen-Schmuckschildkröte ist eine farblich

Die bekannteste Wasserschildkröte ist die Rotwangen-Schmuckschildkröte. Foto: Matthias Schmidt

sehr attraktive und hervorragend für die Pflege im Gartenteich geeignete Art.
Es gibt aber auch andere Arten, wie zum Beispiel die farblich sehr ansprechende Indianer-Zierschildkröte (*Chrysemys picta bellii*), die häufig im Handel angeboten wird. Wer selten eingeführte Schildkröten in seinem Gartenteich pflegen möchte, der sollte versuchen, Nachzuchten von anderen Liebhabern oder in auf Reptilien spezialisierten Zoofachgeschäften zu bekommen. Eine weitere Anlaufstelle kann die Deutsche Gesellschaft für Herpetologie und Terrarienkunde (kurz DGHT, Geschäftsstelle: Postfach 1421, D-53351 Rheinbach) sein. Sie ist eine Vereinigung von Terrarianern und herpetologisch interessierten Menschen in Deutschland, die unter anderem viermal im Jahr ein Anzeigenjournal herausgibt, in dem man mit etwas Geduld sicherlich die gewünschte Art findet.
Will man sich spätere Enttäuschungen ersparen, sind schon beim Kauf der Tiere einige Punkte zu beachten. Selbstverständlich fragt man den Zoofachhändler nach dem wissenschaftlichen Namen und im besonderen nach der Herkunft der Tiere. Denn nur wer den genauen Fundort kennt, kann Rückschlüsse auf die klimatischen Erfordernisse der Art ziehen.
Stammen die Tiere aus privaten Zuchtanlagen, ist die Problematik oft nicht so groß, da man den Züchter direkt nach seinen Erfahrungen fragen kann. Aber beachten Sie, daß die Erfahrungen, die ein Schildkrötenliebhaber in einem klimatisch begünstigten Gebiet Deutschlands gemacht hat, nicht uneingeschränkt auf Gebiete mit weniger schildkrötenfreundlichem Wetter übertragen werden können.
Vor der Anschaffung sollte unbedingt eine gesundheitliche Inspektion der Schildkröten erfolgen. Gesunde Tiere müssen lebhaft und munter sein, und auf den Rücken gelegt sollten sie sich sofort wieder umdrehen. Die Haut muß frei von Geschwüren und Geschwülsten sein, und der Panzer darf keine Defekte wie Verbiegungen und Verformungen aufweisen. Er sollte möglichst hart und frei von Pilzerkrankungen sein. Die Tiere müssen leicht und frei atmen, und es darf kein Schleim aus den Nasenlöchern austreten. Auch die Augen sind ein gutes Indiz für den Gesundheitszustand der Tiere. Sie dürfen keine Absonderungen aufweisen und nicht zu tief in den Augenhöhlen liegen. Doch selbst wenn man alle diese Punkte geprüft hat, besteht noch keine absolute Sicherheit, ein gesundes Tier vor sich zu haben. Weitere Informationen zu diesem Thema finden Sie im Kapitel „Krankheiten".

Eine besonders hübsche und häufig angebotene Wasserschildkröte ist die Indianer-Zierschildkröte, *Chrysemys picta bellii*.
Foto: Wolfgang Schmidt

Pflege im Gartenteich

Für viele Wasser- und Sumpfschildkrötenarten ist die Unterbringung in einem „Freilandterrarium" – gemeint ist die Haltung in einem Gartenteich mit angrenzendem Landteil, der gegen das Abwandern der Tiere gesichert ist – die günstigste und natürlichste Form der Pflege. Es gibt aber nur wenige Arten, die ganzjährig oder zumindest den gesamten Sommer über im Freien gepflegt werden können. Die hier besprochenen Schildkrötenarten können, natürlich abhängig von der geographischen Breite und der jeweiligen Wetterlage, mindestens bis zum Herbst im Gartenteich bleiben. Im Winter müssen sie dann je nach Art oder Vorkommen entweder in einem kühlen Raum überwintert oder in einem warmen Zimmeraquarium bis zum Frühjahr weitergepflegt werden.

Die Vorteile einer Pflege im Gartenteich liegen auf der Hand. Dank ausreichender Bewegungsmöglichkeiten, direkter Sonnenbestrahlung und stets frischer Luft zeigen die Schildkröten häufig nur hier ihre volle Aktivität und ihr gesamtes Verhaltensrepertoire. Die Pflege im Freilandterrarium weist gegenüber der Haltung im Zimmer noch weitere Vorteile auf, so zum Beispiel den stark verminderten Pflegeaufwand. Es muß nicht jeden Tag jemand nach den Tieren sehen, und man kann auch mal getrost ein paar Tage in Urlaub fahren. Die laufend anfallenden Arbeiten begrenzen sich in der Regel auf das Füttern. Bei großen Teichen entfallen der oft umständliche Wasserwechsel und das Reinigen des Teiches sogar ganz. Trotzdem ist es wichtig, die Wasserqualität im Teich regelmäßig zu prüfen. Gegebenenfalls muß man einen Teil des Wassers erneuern. Nur bei einer sehr starken Verunreinigung, die zum Beispiel durch zu viele Tiere entstehen kann, ist auch in den Teichanlagen ein völliger Wasserwechsel unumgänglich.

Eingewöhnte Schildkröten schwimmen ihrem Pfleger gierig entgegen. Foto: Matthias Schmidt

Alle Neuzugänge verhalten sich in den ersten Tagen in ihrem Revier recht scheu. Doch Geduld und schmackhaftes Futter wie zum Beispiel Schildkröten-Pellets, verschiedene Wirbellose und für einige Arten auch süßes Obst lassen die Tiere bald zutraulicher werden. Fressen sie in der ersten Zeit nur, wenn sie sich ungestört fühlen, nehmen sie schon nach einigen Tagen das Futter, zwar noch in sicherer Entfernung, vor den Augen des Pflegers zu sich. Auch der Futterneid treibt sie zusätzlich dazu, die Pellets schnell zu fressen. Nach einigen Wochen sind die Tiere dann in der Lage, ihren Pfleger zu erkennen und schwimmen ihm jedesmal in freudiger Erwartung entgegen. Durch diese Eigenheit der Tiere kann die Nahrungsaufnahme leicht kontrolliert werden. Ebenso ist es von Vorteil, daß sie das Futter sogar aus der Hand fressen. In ihrer Futtergier übersehen sie so leicht eine in einem Futterbrocken versteckte Tablette oder ein Vitamin-Mineralstoff-Präparat.

Wasserschildkröten und andere Teichbewohner

Wie schon erwähnt, haben viele Menschen den Wunsch, sich ein perfektes „Biotop“ im Garten anzulegen, und dazu gehört natürlich auch ein Besatz zum Beispiel mit Fischen, Insekten, deren Larven, Amphibien und deren Kaulquappen. Da sich jedoch alle Wasser- und Sumpfschildkröten zum größten Teil räuberisch ernähren, ist grundsätzlich von einer Vergesellschaftung abzuraten.

Niemals vergesellschaften kann man die Schildkröten mit Amphibien, deren Laich oder Larven. Sie stellen eine leichte Beute für die häufig unterschätzten, in Wirklichkeit aber sehr geschickten Jäger und Räuber dar.

Wer einen großen Teich besitzt, kann seine Sumpf- oder Wasserschildkröten aber durchaus mit verschiedenen Fischen vergesellschaften. Dazu gehört auch der

Die Vergesellschaftung mit größeren Fischen ist möglich. Foto: Stefan Eschen

Goldfisch, der in der Regel schneller ist als die Schildkröten und sich daher vor ihnen in Sicherheit bringen kann. Aber auch hier kann es keine Garantie gegen „Unfälle" geben. Speziell Jungfische oder kleiner bleibende Fischarten werden nur bei einer wirklich ausreichenden Fütterung der Schildkröten nicht beachtet. Wesentlich besser klappt die Vergesellschaftung mit großen Fischen, und so können sich zum Beispiel Kois oder Karpfen nahezu ungehingert im Teich bewegen.

Futter und Fütterung

Die im Gartenteich gepflegten Sumpf- oder Wasserschildkröten werden allgemein als Allesfresser (omnivor) bezeichnet, doch nehmen sie zum überwiegenden Teil tierische Nahrung (Eiweiß) zu sich. Hierzu gehören Würmer, Wasserschnecken einschließlich der Gehäuse, Muscheln, Gliedertiere in allen Entwicklungsstadien, wie zum Beispiel Kleinkrebse (Wasserflöhe und Bachflohkrebse), auf die Wasseroberfläche gefallene Insekten sowie Libellenlarven und Gelbrandkäfer. Auch vor Fischen, Molchen und Fröschen sowie deren Laich und Larven machen die gepanzerten Teichbewohner nicht halt. Zur Abrundung des Speisenplans fressen sie auch noch die unterschiedlichsten Wasserpflanzen.

Die natürlicherweise in unseren Gärten vorhandene Futtermenge reicht nur in den seltensten Fällen aus, so daß man gezwungen ist, die Tiere zusätzlich zu füttern. Das hat aber auch Vorteile. Die an die gereichte Nahrung gewöhnten Tiere zeigen sich schon nach kurzer Zeit als viel zu bequem, um noch Jagd auf Fische oder andere Teichbewohner zu machen.

Die Fütterung der Wasserschildkröten ist im wesentlichen denkbar einfach. Ein hochwertiges Futter sind Futterpellets für Wasser- und Sumpfschildkröten, die überall im Gartenbedarfshandel und in Zoofachgeschäften in reichlicher Auswahl vorhanden sind. Die Futterpellets können einfach auf die Wasseroberfläche gestreut werden. Es dürfen nur so viele Pellets verfüttert werden, daß die Tiere sie auch sofort fressen können, da Nahrungsreste das Wasser stark belasten.

Schon nach einer relativ kurzen Eingewöhnungsphase werden die Schildkröten so zutraulich, daß sie von ihrem Pfleger aus der Hand gefüttert werden können. Foto: Wolfgang Hemmer

Um den Tieren besondere Leckerbissen zusammenzustellen, eignen sich als hochwertige Zusatznahrung mageres Säugetierfleisch, ganze Süßwasserfische, Geflügelklein, Katzen- und Hundefutter und vieles mehr. Auch Wasserpflanzen wie Wasserhyanzinthen und Wasserlinsen, Wildkräuter sowie geschnittenes Gemüse werden genommen. Eine besondere Vorliebe zeigen einige Tiere für süßes Obst wie zum Beispiel Äpfel, Birnen, Kirschen, Erdbeeren und Bananen. Wichtig ist, daß das Futter immer mit einem Vitamin- und Mineralstoffgemisch aufgewertet wird. Hervorragend geeignet ist Korvimin ZVT, das in der Apotheke oder beim Tierarzt erhältlich ist und einfach über das Futter gestreut wird. Eine gelungene Futtermischung sollte je nach Art etwa zu 30% aus pflanzlichen und zu 70% aus tierischen Stoffen bestehen.

Häufig verfüttert wird auch das sogenannte Gelatinefutter, das tiefgefroren lange haltbar bleibt. Das Gemisch sollte möglichst aus magerem Süßwasserfisch (komplett mit Gräten, Schuppen und Kopf), Tatar oder Herzmuskelfleisch, Innereien wie Magen und Leber und zu einem geringen Teil aus Wasserflöhen, Garnelenschrot und Quark zusammengestellt werden. Die pflanzlichen Stoffe bilden süßes Obst, ein hoher Anteil krautiger Wildpflanzen sowie Blatt- und Wurzelgemüse. Nicht zu vergessen ist die Beigabe eines Vitamin-, Mineralstoff- und Aminosäuren-Präparates. Die gesamte Mischung wird durch einen Fleischwolf gedreht und mit etwa 60 g Speisegelatine je Liter Futterbrei verrührt. Sobald die Mixtur gehärtet ist, kann sie verfüttert oder portionsweise eingefroren werden.

Ihr Futter bekommen die ausgewachsenen Schildkröten etwa alle zwei bis drei Tage. Abgesehen von den Futterpellets, die einfach auf das Wasser gestreut werden, wird das übrige Futter außerhalb des Wassers, möglichst immer an derselben Stelle und Zeit angeboten. Futterreste sind zu entfernen, da sie unter Umständen Ungeziefer anlocken können.

Überwinterung

In der Praxis ist die Überwinterung der Wasserschildkröten oft nicht so leicht zu bewerkstelligen, und auch in der Literatur sind teilweise widersprüchliche Angaben zu finden. Wie alle Amphibien und Reptilien aus den gemäßigten Breiten, suchen auch die im Gartenteich gepflegten Sumpf- und Wasserschildkröten zu Beginn der kalten Jahreszeit eine frostsichere Stelle zum Überwintern auf. Dort verbergen sie sich auf dem Gewässerboden in der Schlamm- und Schlickschicht, oder sie vergraben sich einfach im lockeren Erdreich der Uferregionen. Wenn die Temperaturen stark gesunken sind, fallen sie in einen Zustand der Starre, die sogenannte Winterruhe oder Winterstarre. Ihr Stoffwechsel ist auf das absolute Minimum reduziert. Der Auslöser für dieses Verhalten ist wahrscheinlich eine Kombination der Faktoren „abnehmende Tageslänge“ und „sinkende Temperaturen“.

Nahezu alle von uns beschriebenen Arten und Unterarten können im Freilandterrarium überwintert werden. Einschränkungen gibt es allerdings durch die jeweiligen Herkunftsgebiete der Schildkröten, die geographische Lage des Teiches und die nicht zuletzt dadurch bedingte Härte des Winters. So können zum Beispiel von einigen Arten nur die aus den nördlichen Verbreitungsgebieten stammenden Tiere während des Winters im Gartenteich belassen werden. Da man aber oft nicht weiß, woher die Schildkröten stammen, empfiehlt sich für diese Arten eine kontrollierte Überwinterung im Haus.

Bei den Jungtieren einiger Arten, die meist nicht über ausreichende Nahrungsreserven verfügen, sollte man ebenfalls auf eine lange und kalte Überwinterung im Garten verzichten. Für ältere Schildkröten ist die Winterruhe eher gesundheitserhaltend und für die Vermehrung bei den meisten hier behandelten Arten sogar unerläßlich, da sie der Auslöser für das Fortpflanzungsverhalten ist.

Natürlich ist es die einfachste, aber auch unter Umständen die verlustreichste Art der Überwinterung, wenn die Schildkröten während der kalten Jahreszeit im Gartenteich belassen werden. Arten wie die Europäische Sumpfschildkröte (*Emys orbicularis*) oder die Rotwangen-Schmuckschildkröte (*Trachemys scripta elegans*) vertragen dies ohne Probleme. Wichtig ist nur, daß der Teich auf einer Fläche von nicht wesentlich weniger als einem Quadratmeter eine Mindesttiefe von einem Meter hat. Doch trotz bester Voraussetzungen kann man im Frühjahr unter Umständen eine böse Überraschung erleben. Ist der Teich zum Beispiel eine lange Zeit vereist gewesen, können Fäulnisbakterien (im Schlamm) dem Wasser den Sauerstoff entzogen haben, wodurch die Schildkröten erstickt sind.

Andere Arten, wie zum Beispiel die Kaspischen Wasserschildkröten (*Mauremys caspica caspica, Mauremys caspica rivulata* und *Mauremys leprosa*), die Chinesische Dreikielschildkröte (*Chinemys reevesii*), die Landkarten-Höckerschildkröte (*Graptemys geographica*), die Falsche Landkarten-Höckerschildkröte (*Graptemys pseudogeographica*) und die Mississippi-Höckerschildkröte (*Graptemys kohnii*) sollten von vornherein besser im Haus überwintert werden.

Als Überwinterungsraum eignen sich Garagen, Nebengebäude und kalte Kellerräume, die alle mit einem Frostwächter (elektrische Heizung, die verhindert, daß die Temperaturen auf unter 6°C sinken) gegen Temperaturen um den Gefrierpunkt und darunter geschützt werden. Auch muß sichergestellt sein, daß Nager wie zum Beispiel Ratten und Mäuse die schlafenden Tiere nicht erreichen können, da sie diese sonst an- oder sogar auffressen würden.

Grundsätzlich gibt es zwei verschiedene Methoden, die Tiere zu überwintern. Da wäre als erste die Überwinterung an Land, der jedoch bei den meisten Arten nicht der Vorzug gegeben werden sollte. Die Überwinterung erfolgt in diesem Fall in einer Kiste mit einer Grundfläche von etwa 60x60 cm und einer Mindesthöhe von 50 cm. Dieser Behälter sollte frei im Raum etwas erhöht auf Füßen stehen, damit der Frost nicht durch die Wand oder durch den Boden eindringen kann. Da die Schildkröten weiterhin atmen, darf der Behälter nicht luftdicht verschlossen sein. Es eignen sich Kisten aus Holz, aber auch aus anderen Materialien. Wichtig ist, daß sie auch an den Seiten Lüftungsflächen haben. Der Deckel kann einfach mit feiner Gaze bespannt werden oder sollte zumindest Lüftungsschlitze aufweisen. In diese Kiste füllt man eine 30 cm, besser 50 cm hohe Schicht (bei einer 50 cm hohen Schicht muß natürlich auch die Überwinterungskiste entsprechend höher sein) mit einem Gemisch aus leicht feuchtem Laub und Torfmoos. Auch andere Materialien sind geeignet, lediglich auf fein staubige Substrate wie Torf sollte man verzichten. Geraten diese in die Atemwege der schlafenden Tiere, können sie dort ernsthafte Erkrankungen hervorrufen. Das Ganze deckt man mit einer zirka 10 cm hohen Schicht aus Laub, Stroh oder Heu ab. Die Substratschicht sollte immer feucht, aber nicht naß gehalten werden. Bei den Kontrollen der Substratfeuchte muß daher regelmäßig nachgefeuchtet werden!

Für die meisten Arten ist jedoch die Überwinterung in einem Wasserbecken die bessere Lösung. Hierfür eignen sich große Aquarien, aber auch einfache Plastikbehälter wie zum Beispiel Betonmischwannen aus dem Baumarkt. Besonders geeignet sind undurchsichtige Behälter, da die Tiere dann durch die regelmäßigen Kontrollen nicht gestört werden. Die ideale Größe haben zum Beispiel Aquarien mit einem Volumen von 500 Litern, die etwa 30 cm hoch mit Wasser gefüllt werden. Wichtig ist ein für die Schildkröten jederzeit und leicht zu erreichender Landteil. Der Behälter muß sorgfältig mit grobem Draht zum Schutz vor Nagern verschlossen werden.

Die Dauer der Überwinterung ist von Art zu Art unterschiedlich. Informationen hierzu finden sich bei den jeweiligen Artbeschreibungen. Wichtig ist, daß die Tiere bereits einige Zeit vor der Einwinterung keine Nahrung mehr erhalten. Erst wenn sich der Darm entleert hat, dürfen die Temperaturen langsam abgesenkt werden.

Fortpflanzung

Sicherlich ist es immer wieder ein Höhepunkt jeder erfolgreichen Schildkrötenpflege, wenn im Hochsommer nach langem Bangen und Hoffen endlich die kleinen Schildkrötenbabys schlüpfen. Doch bis dahin ist es ein oftmals langer und mühevoller Weg, der bereits mit der Auswahl der Tiere beginnt.

Geschlechtsunterschiede: Eine wichtige Voraussetzung für die erfolgreiche Zucht ist, das Geschlecht der Tiere sicher bestimmen zu können. Kauft man sich Schildkrötenbabys, ist dies nicht immer zweifelsfrei möglich, so daß es besser ist, einige Tiere mehr anzuschaffen und die überzähligen gegebenenfalls später wieder abzugeben. Leichter hat man es da schon bei der Anschaffung von ausgewachsenen Tieren. Die Geschlechter lassen sich meist anhand eindeutiger Merkmale leicht unterscheiden. Da wären an erster Stelle die primären Geschlechtsmerkmale, die aber leider gut verborgen

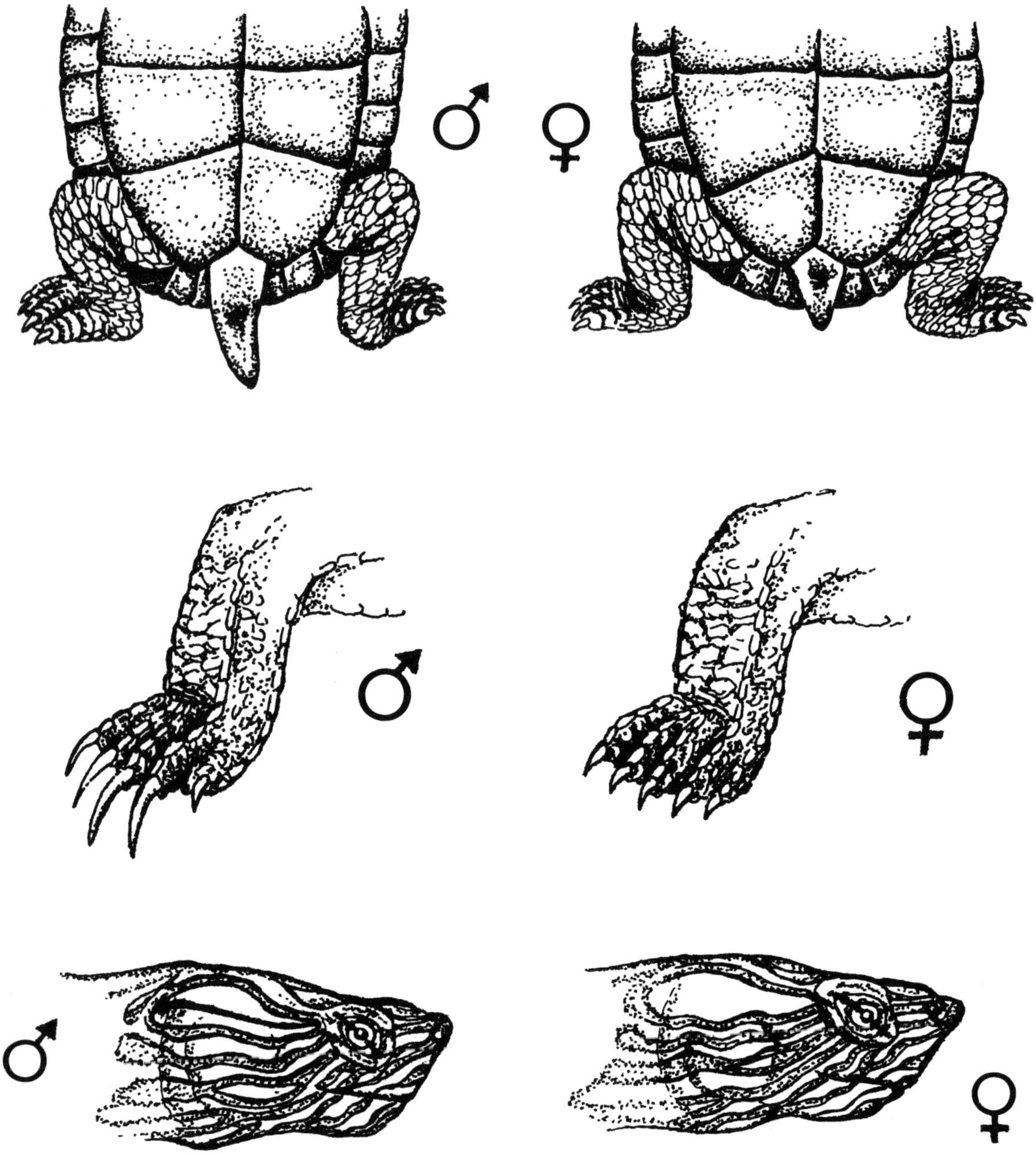

Männchen und Weibchen lassen sich bei ausgewachsenen Tieren leicht unterscheiden.

Zeichnung: Marianne Hoffmann

im Panzer liegen. Erfahrene Terrarianer sind jedoch in der Lage, durch Manipulation (Druck in der Analregion) die Schildkrötenmännchen dazu zu bringen, ihren Penis auszustülpen.
Die augenscheinlichsten Unterschiede, etwa in der Größe und im Gewicht, helfen nur weiter, wenn man genügend Tiere zum Vergleichen hat. So sind bei vielen im Garten gepflegten Arten (zum Beispiel aus den Gattungen *Emys*, *Clemmys* oder *Mauremys*) die Weibchen deutlich größer als die Männchen. Am ausgeprägtesten ist dies bei den Höckerschildkröten (*Graptemys*) der Fall. Freilanduntersuchungen zeigten, daß die geschlechtsspezifischen Maximalpanzerlängen im Verhältnis 1:3 zugunsten der Weibchen von *Graptemys barbouri* betragen.
Die Geschlechter können auch anhand der Form des Bauchpanzers unterschieden werden. Bei den Weibchen ist er meist eben, der der Männchen zeigt dagegen eine deutlich konkave Eindellung.
Einen wichtigen morphologischen Geschlechtsunterschied stellt auch die Schwanzlänge dar. So ist der Schwanz in der Regel bei den Männchen deutlich länger und an der Basis verdickt, während er bei den Weibchen kürzer und von der Basis her eher gleichmäßig abnehmend verläuft. Zusätzliche Sicherheit erhält man beim Vergleich des Abstandes vom Hinterrand des Panzers bis zur Kloakenöffnung. Dieser ist bei den Männchen deutlich größer. Weitere Unterschiede, wie zum Beispiel die häufig verlängerten Fingerkrallen der Männchen, und insbesondere die artspezifischen Unterschiede werden bei den Artenbeschreibungen genannt.

Geschlechtsreife: Selbst wenn man nun zweifelsfrei ein Pärchen oder eine Gruppe mit beiden Geschlechtern hat, so kommt es noch nicht ohne weiteres auch zur Nachzucht. Eine weitere wichtige Voraussetzung ist, daß die Tiere bereits die Geschlechtsreife erlangt haben. Diese wird je nach Art und Geschlecht in einem recht unterschiedlichen Alter erreicht. So werden die Weibchen der Rotwangen-Schmuckschildkröte (*Trachemys scripta elegans*) bereits nach zwei bis vier Jahren geschlechtsreif, die Männchen hingegen im Schnitt erst drei Jahre später. Ähnlich verhält es sich bei den verschiedenen Zierschildkröten (*Chrysemis picta spec.*). Hier werden die Männchen ca. mit eineinhalb bis zweieinhalb Jahren geschlechtsreif und die Weibchen erst drei bis fünf Jahre später. Dies sollte man bei der Anschaffung und Auswahl von Zuchttieren unbedingt beachten, um unbegründeten Enttäuschungen vorzubeugen. Bei anderen Arten erreichen beide Geschlechter ungefähr gleichzeitig die Geschlechtsreife. Hierzu gehört die Tropfenschildkröte (*Clemmys guttata*). Sie erreicht die Geschlechtsreife frühstens im Alter von vier Jahren. Bei der Chinesischen Dreikielschildkröte (*Chinemys reevesii*) erfolgt diese erst nach sieben bis neun Jahren, bei der Gemeinen Moschusschildkröte (*Kinosternon odoratum*) dagegen bereits nach drei Jahren. Wer sich also Babys zulegt, muß eine ganze Zeit warten, bis seine Schildkröten endlich zur Fortpflanzung schreiten.

Paarungszeit: Da alle hier besprochenen Sumpf- und Wasserschildkröten aus recht gemäßigten Klimaten kommen, verläuft der Fortpflanzungszyklus relativ einheitlich und übersichtlich. In der Natur können die Eier nur erfolgreich bebrütet werden, wenn das sie umgebende Substrat eine ausreichende Temperatur aufweist. Deshalb erfolgt die Eiablage immer zu Beginn der warmen Jahreszeit. Der Auslöser ist in der Regel eine Ruheperiode (Winterruhe oder Winterstarre), während der die Tiere über einen längeren Zeitraum (bis zu sechs Monaten je nach Herkunftsgebiet) völlig inaktiv sind. Erst die steigenden Temperaturen, vielleicht sogar in Verbindung mit der zunehmenden Tageslänge, kündigen für die Schildkröten das Frühjahr an und beenden somit ihre Winterruhe.

Sobald die ersten Aktivitäten wieder möglich sind, beginnt für die Schildkröten die Paarungszeit. Wichtige Voraussetzungen für eine erfolgreiche Fortpflanzung wurden aber schon im Vorjahr gelegt. So haben die Männchen das Sperma bereits im vergangenen Sommer erzeugt und es in den gewundenen Nebenhoden gespeichert. Ähnlich verhält es sich bei den Weibchen: Auch hier fand bereits im Vorjahr das Follikelwachstum statt. Eine alte Faustregel besagt, daß ein gutes Vorjahr (warm und viel Sonne) sich entscheidend auf die Eizahl und die Qualität der Gelege auswirkt.

Bei den Schildkröten ist die Partnersuche Sache der Männchen. Bereits am frühen Morgen schwimmen sie aufgeregt hinter jedem Weibchen her. Die Liebestollheit der Schildkrötenmännchen ist sprichwörtlich. In manchen Ländern, so zum Beispiel auch in Japan, gelten sie daher als Symbol für den Sexualtrieb.

Hat ein Männchen eine andere Schildkröte erreicht, so stellt es durch Riechen fest, ob es sich um ein paarungsbereites Weibchen handelt. Eine Eigenschaft des Wassers kommt ihm dabei sehr hilfreich entgegen, denn es löst und transportiert Geruchsstoffe besser als Luft. Die Produktion der Duftstoffe, die bei den Männchen intensiv moschusartig riechen, erfolgt in den Analdrüsen. Einige Arten scheiden diese Geruchsstoffe auch zur Verteidigung aus. Dieser Eigenart verdankt die Gewöhnliche Moschusschildkröte (*Kinosternon odoratum*) ihren Namen.

Hält man mehrere Männchen gemeinsam in einem Teich, so konkurrieren sie um die Gunst der Weibchen. Ihre Rivalität drückt sich in erster Linie durch das Drohen mit aufgerissenem Maul aus. Genügt dies jedoch nicht, so kommt es unweigerlich zu einem regelrechten Beschädigungskampf, bei dem der Unterlegene übel zugerichtet werden kann, wenn nicht für ausreichende Fluchtmöglichkeiten gesorgt ist.

Eine aufwendige Balz kann man nur bei wenigen Arten, wie zum Beispiel bei der Rotwangen-Schmuckschildkröte (*Trachemys scripta elegans*), beobachten. Bei ihnen versuchen die Männchen, das Weibchen auf ganz spezifische Weise zur Paarung zu stimulieren. Als erstes umschwimmen sie das auserkorene Weibchen im freien Wasser. Dann nähern sie sich von vorne dem Weibchen und strecken ihm dabei die Arme entgegen. Mit recht schnellen vibrationsartigen Bewegungen der verlängerten Krallen berühren sie nun beide Seiten ihres Kopfes.

Ist das Weibchen nicht paarungsbereit, so schnappt es einfach nach dem Männchen. Zieht es jedoch den Kopf und die Vorderbeine ein, so ist dies ein sicheres Zeichen der Paarungsbereitschaft für das Männ-

Einige Arten zeigen ein hochinteressantes Fortpflanzungsverhalten.
Zeichnung: Marianne Hoffmann

chen, das daraufhin von hinten aufreitet. Bei der Kopulation sinken die Schildkröten auf den Grund des Teiches oder treiben einfach im Wasser. Die anderen Arten verpaaren sich ebenfalls im Wasser. Auch hier umschwimmt häufig das Männchen das Weibchen. Dabei führt es horizontal und vertikal pendelnde bis zitternde Bewegungen mit dem Kopf aus. Ist es nahe genug an das Weibchen herangeschwommen, so versucht es, dieses zu beißen. Dabei richten sich die Bisse immer gegen die Kopfregion. Auf diese Weise versucht das Männchen, das Weibchen zu animieren, den Kopf und die Vorderbeine einzuziehen, damit es die Afterregion hervorpreßt. Während der Paarung versuchen die Männchen, sich mit ihren Krallen am Panzerrand der Weibchen festzuhalten. Dies gelingt ihnen um so besser, je ausgewogener die Panzerlänge der Geschlechtspartner ist. Bei Arten, wo beide Geschlechter nahezu gleich groß sind, kann es passieren, daß das Männchen seiner Partnerin in den Nacken beißt, um sie zum Kopfeinziehen und damit wieder zum Vorpressen der Kloakenregion zu zwingen. Dies kann man häufig bei den *Mauremys*-Arten beobachten.

Paarung der Waldbachschildkröte.
Foto: Wolfgang Hemmer

Bei den Schildkröten gibt es keine Partnerbindung. Vielmehr verpaaren sie sich rein zufällig. Hat man mehrere Männchen, so kann es vorkommen, daß sich nur das stärkste auch wirklich fortpflanzt.
Nach einer erfolgreichen Paarung können bei manchen Schildkrötenarten noch mehrere Jahre danach befruchtete Gelege abgesetzt werden. Es handelt sich dabei um die sogenannte verzögerte Befruchtung (Amphigonia retardata). Jedoch nimmt die Anzahl der befruchteten Eier ohne erneute Paarung mit jedem Gelege ab.
Werden adulte Weibchen über Jahre einzeln gepflegt, so produzieren sie während dieser Zeit keine Gelege. Verpaaren sie sich dann nach einigen Jahren wieder, so legen sie häufig erst ein unbefruchtetes Gelege, während das nächste bereits eine gute Befruchtungsrate aufweist. Die Festlegung der Trächtigkeitsdauer bei Schildkröten ist dadurch erheblich erschwert.

Eiablage: Erst etliche Wochen nach der Paarung kommt es zur Eiablage. Während der Trächtigkeit werden die Weibchen immer paarungsunwilliger. Können sie den Annäherungsversuchen paarungsbereiter Männchen nicht ausweichen, kann der Streß die gefürchtete Legenot hervorrufen. Bereits einige Tage vor der eigentlichen Eiablage verlassen die Weibchen das Wasser und machen sich auf die Suche nach einem geeigneten Eiablageplatz. Nach einigen Probegrabungen heben sie in der Regel an der speziell vorbereiteten Stelle (siehe „Anforderungen an den Gartenteich") eine Nestgrube aus, in die sie die Eier legen. Anschließend wird diese sorgfältig verschlossen und so hervorragend getarnt, daß man meist

Die Waldbachschildkröte beginnt mit dem Anlegen der Eigrube. Foto: Wolfgang Hemmer

nicht erkennt, daß die Eier bereits abgelegt wurden.
Die Form und Tiefe der Nestgrube ist artspezifisch. Da jedoch alle Arten auf warme Temperaturen zur Eizeitigung angewiesen sind, wird sie meist nicht tiefer als 10-15 cm ausgehoben. In der Natur übernimmt nun die Sonne das Bebrüten der Eier. Ihre Kraft ist in unseren Breiten jedoch sehr begrenzt und dürfte daher nur in sehr langen und warmen Sommern zum Bebrüten der Eier einiger weniger Arten,

Die Eigrube im Querschnitt.
Zeichnung: Marianne Hoffmann

wie zum Beispiel der Europäischen Sumpfschildkröte (*Emys orbicularis*), ausreichen. Da die Eier der meisten Arten nicht im Boden überwintern können, ist jedes nicht gefundene Ei ein verlorenes.
Die Eizahl und die Anzahl der Gelege kann im Laufe der Jahre stark schwanken. Die Eier sind walzenförmig, weich und von einer pergamentartigen Schale umgeben. Daher legen die Weibchen sie möglichst an Stellen ab, wo sie nicht austrocknen können. Die Zeitigungsdauer ist von verschiedenen Faktoren abhängig, wie Temperatur und Feuchtigkeit. Genauere Daten zu diesem Thema finden Sie bei den einzelnen Artenbeschreibungen.

Inkubation: Wie schon gesagt, reicht bei uns die Sonne in der Regel nicht zum Bebrüten der Eier im Freien aus. Daher müssen diese vorsichtig in einen Brutkasten, den Inkubator, überführt und künstlich bebrütet werden. Dafür legt man als erstes das Gelege sorgfältig frei. Da sich bereits nach Stunden die Keimscheibe auf der Dotteroberseite festgesetzt haben kann, darf das Ei nicht mehr gedreht werden. Die Oberseite des Eies wird daher am besten noch während des Freilegens vorsichtig mit einem Bleistift markiert.

Zum Überführen der Gelege in den Inkubator sollten die Eier markiert werden.

Foto: Henry Müller

Die Inkubation kann in den verschiedensten Brutkästen erfolgen. Am bekanntesten und für alle Arten auch am besten geeignet ist folgender Bautyp: Ein großer, hochwandiger Behälter wird zirka 10 cm hoch mit Wasser gefüllt. Besonders geeignet sind Vollglas- und Plastikaquarien. Einige Zentimeter über der Wasseroberfläche bringt man eine Schaumstoffplatte an, die Einbuchtungen für die Eier enthält. Beheizt wird der Brutkasten mit einem Aquariumheizstab, der über ein Kontaktthermometer gesteuert wird. Auf diese Weise erhält man die gewünschte Temperatur und eine sehr hohe relative Luftfeuchtigkeit, die nicht unter 95% sinken darf, da die Eier sehr leicht vertrocknen. Damit nun das Kondenswasser vom Deckel nicht auf die Eier tropfen kann, muß die Deckscheibe schräg angebracht werden, so daß das Wasser abläuft und an den Wänden des Brutbehälters zurück in den Wasserteil fließt.
Ebenso geeignet ist das Zeitigen in kleinen Plastikdosen. Hier werden die Eier einfach in leicht feuchtem, grobem Vermiculite oder Perlite gebettet und dann in einen handelsüblichen Inkubator gestellt. Geeignet sind die Jäger-Brutglucken (im Zoofachhandel erhältlich), aber auch selbstgebaute Modelle.
In diesem Zusammenhang muß das Problem der temperaturabhängigen Geschlechterausprägung (kurz TAGA) erwähnt werden. Wie bei den meisten Reptilien besitzen auch nur wenige Schildkrötenarten Geschlechtschromosomen. Folglich muß das Geschlecht von einem anderen Faktor abhängig sein. Dieser ist, soweit wir heute wissen, die Zeitigungstemperatur etwa am Ende des ersten Drittels

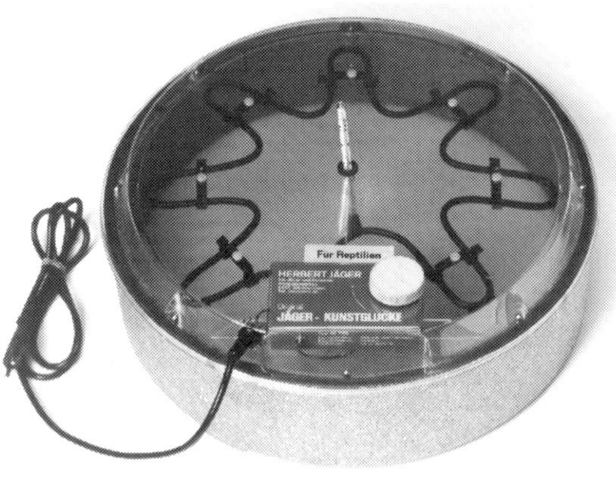

Besonders bewährt hat sich für die Zeitigung der Schildkröteneier die Kunstglucke der Firma Jäger. Zu beziehen ist das Gerät beim Hersteller Jäger und Pfrommer, Postfach 1227 in 63602 Wächtersbach.

der Eientwicklung. Je nach Temperatur wird ein bestimmtes Hormon gebildet, das die Geschlechtsausprägung veranlaßt. Das heißt, daß sich bis zu einer bestimmten Temperatur nur Männchen entwickeln, und bei Temperaturen darüber entstehen nur Weibchen. Man kann sich diese Entscheidung wie einen biologischen Schalter vorstellen. Wo genau dieser Scheitelpunkt liegt, und ob sich in bestimmten Temperaturbereichen die Geschlechter wieder ändern können, wie dies zum Beispiel bei den Leopardgeckos (*Eublepharis macularis*) der Fall ist, ist nicht bekannt. Bei diesem Phänomen handelt es sich interessanterweise um ein rein terraristisches Problem, da die Temperaturverhältnisse in der Natur anscheinend immer für ein ausgewogenes beziehungsweise notwendiges Geschlechterverhältnis sorgen. Erst die „sterilen" Zeitigungstemperaturen in einem Inkubator lassen die TAGA zu einer Schwierigkeit werden.

Jeder, der Wasser- oder Sumpfschildkröten nachzüchtet, muß in Zukunft verstärkt darauf achten, daß er ein ausgewogenes Geschlechterverhältnis bei seinen Nachzuchten erhält, um nicht am Ende nur Männchen oder nur Weibchen zu besitzen. Dies erreicht man, wenn man die Temperaturen leicht um den „Scheitelpunkt", wenn er bekannt ist, schwanken läßt. Wo genau die Grenze liegt, muß jeder für seine Arten experimentell ermitteln. Die Ergebnisse sollten veröffentlicht werden, da sie nicht nur für die Terraristik, sondern besonders auch für den Naturschutz von größtem Interesse sind. So versucht man bereits heute, durch hohe Temperaturen beim Bebrüten von Meeresschildkröteneiern den Weibchenanteil zu steigern, um in Zukunft die Vermehrungsrate zu vergrößern.

Schlupf: Sobald das Jungtier die Schlupfreife erreicht hat, versucht es, das Ei zu öffnen. Die Schildkröten besitzen an der Schnauzenspitze am Prämaxillarknochen des Oberkiefers ein hartes, aus Horn gebildetes Wärzchen. Diese Eischwiele sitzt genau dort, wo andere Reptilien ihren scharfen Eizahn haben.

Abb. 5: Die West-Kaspische Bachschildkröte, *Mauremys caspica rivulata*, gilt als unempfindlicher Pflegling im Gartenteich. Trotzdem sind erfolgreiche Nachzuchten bislang selten. Die Paarungen finden im Frühjahr direkt nach der Winterruhe statt. Foto: Wolfgang Hemmer

6

7

8

Unmittelbar vor dem eigentlichen Beginn des Schlupfvorgangs erkennt man häufig feine Risse in der Schale, aus denen Feuchtigkeit austreten kann. Die kleinen Schildkröten durchstoßen die Eischale mit kräftigen Streckbewegungen, meist nachdem sie mit der Eischwiele die Schale angeritzt haben. Dies ist ein überaus anstrengender Vorgang, und die kleinen Wasser- oder Sumpfschildkröten legen häufig Pausen ein. Der Schlupf kann sich sogar über mehrere Tage erstrecken. Dann schlafen die Babys in ihrem teilweise geöffneten Ei, wobei zum Beispiel nur der Kopf oder ein Fuß herausschaut. Durch besonders kräftige Streck- und Schiebebewegungen, aber auch durch Beißen in die Schale schaffen es die Tiere dann endlich, das Ei zu verlassen.

Nach dem Schlupf bleibt die junge Schildkröte erst einmal liegen, damit der Panzer sich langsam auf seine vollständige Größe strecken kann. In der Regel hat die Entfaltung schon vor dem Schlupf begonnen. Dies ist möglich, da es sich um weichschalige Eier handelt, die sich gegebenenfalls vor dem Schlupf verformen.

In der Natur ist für die kleinen Schildkröten nach dem Schlupf erst einmal das größte Problem der Weg aus der Grube. Schwache Tiere bleiben meist im Ei, oder sie sind nicht in der Lage, sich bis an die Oberfläche durchzugraben. Nur ausreichend kräftige Tiere schaffen dies. An der Erdoberfläche angekommen, suchen sie dann sofort Schutz in der deckungsreichen Ufervegetation.

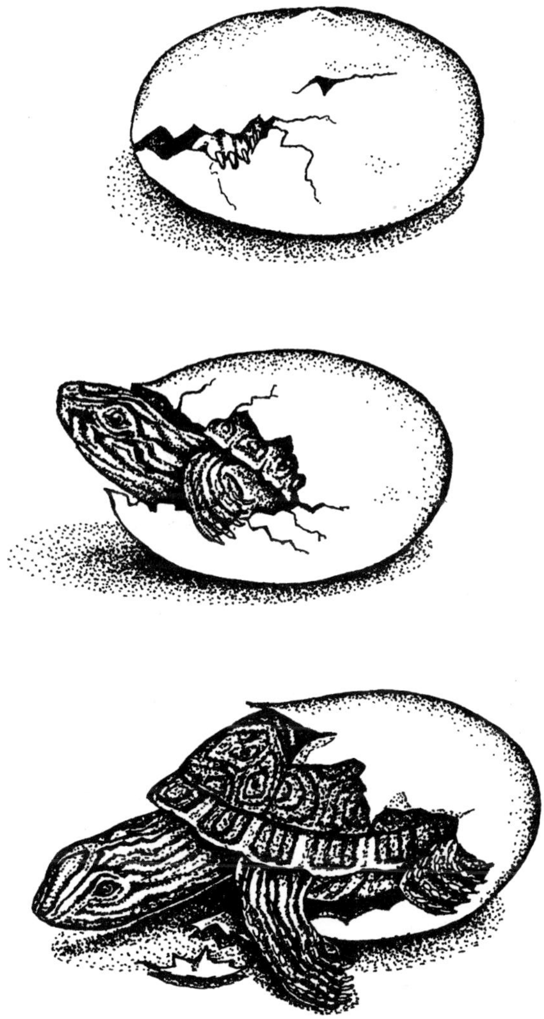

Schlupf einer Wasserschildkröte.

Zeichnung: Marianne Hoffmann

Abb. 6: Besonders farbenprächtig zeigen sich junge Rotwangen-Schmuckschildkröten.

Abb. 7: Die langen Zehen dieser Rotwangen-Schmuckschildkröte kennzeichnen ein ausgewachsenes Männchen.

Abb. 8: Ein Weibchen der Rotwangen-Schmuckschildkröte.

Fotos: Matthias Schmidt

Schlupf der Waldbachschildkröte. Foto: Wolfgang Hemmer

Mühsam quält sich diese Amerikanische Sumpfschildkröte aus dem Ei. Deutlich zu erkennen ist die Eischwiele auf der Schnauzenspitze.
Foto: Wolfgang Hemmer

Aufzucht: Die ersten Tage nach dem Schlupf sollten die Schildkrötenbabys einzeln gehalten werden, damit sie den Restdotter in Ruhe resorbieren können, der andernfalls ein Angriffsziel für die Geschwister darstellt. Um Infektionen vorzubeugen, ist es während dieser Zeit besonders wichtig, die kleinen Wasserschildkröten möglichst steril zu halten. Die Behälter sollten nur mit Fließpapier ausgelegt werden und der Wasserstand nur wenige Millimeter betragen. Schon nach einigen Tagen ist der Dotter vollständig resorbiert und der Bauchpanzer ganz geschlossen, so daß die Tiere in die eigentlichen Aufzuchtbecken umgesetzt werden können.

Während der nächsten Wochen und Monate werden die Nachzuchttiere am besten in kleinen Gruppen in Glas- oder Plastikaquarien untergebracht. Die Einrichtung sollte aus hygienischen Gründen möglichst einfach ausfallen. Der Landteil wird zum Beispiel aus flachen, langsam ansteigenden Steinplatten gebildet. Im Wasserteil bieten Schwimmpflanzen oder ein frei treibendes Stück Kork Schutz. Auf einen Bodengrund aus Kies sollte möglichst ganz verzichtet werden, da er eine ideale Brutstätte für Fäulnisbakterien darstellt. Wesentlich sinnvoller sind flache Schieferplatten, die den Bodengrund bedecken, den Schildkröten Halt geben und leicht zu reinigen sind. Je nach Größe und Art der Jungtiere sollte der Wasserstand während der ersten Wochen nur wenige Zentimeter betragen, später dann dem Wachstum der Tiere angeglichen werden. Erwärmt wird der Behälter über eine unter dem Aquarium ausgelegte schwache Heizmatte oder durch einen Regelheizstab. Für die meisten Arten empfiehlt sich eine Wassertemperatur von 25 bis 28°C. Auf spezielle Temperaturansprüche wird in den Artbeschreibungen hingewiesen.

Besonders gerne nutzen die kleinen Schildkröten die „Sonnenplätze" auf dem Landteil, die zum Beispiel durch einen fest installierten Halogenstrahler geschaffen werden. Zusätzlich zur künstlichen Beleuchtung empfiehlt es sich, den Tieren möglichst viel ungefiltertes Sonnenlicht anzubieten.

Das Futter sollte ausgewogen und reichhaltig sein. Es eignen sich auch hier wieder die allgemein üblichen Schildkrötenpellets. Einige Arten jedoch, wie zum Beispiel die Waldbachschildkröte (*Clemmys insculpta*), sind kurz nach dem Schlupf recht schlechte Fresser. Sie müssen erst mit roten Mückenlarven, Regenwürmern und den Larven des Großen Schwarzkäfers angefüttert werden. Erst nach einiger Zeit nehmen sie das übliche Trockenfutter, sowie auch süße Früchte wie Erdbeeren, Kirschen, geschabte Äpfel und Birnen und natürlich Bananen zu sich. Die gesamte Aufzucht sollte separat von den Eltern erfolgen, und erst im Alter von gut einem Jahr können die Nachzuchten in den Gartenteich umgesetzt werden.

Frisch geschlüpfte Tropfenschildkröten im Größenvergleich. Foto: Henry Müller

Verweigern die Schildkrötenbabys die herkömmliche Nahrung, helfen oft kleine Wachsraupen weiter. Foto: Matthias Schmidt

Krankheiten

Leider sind die Krankheiten immer noch eines der schwierigsten Probleme bei der Pflege von Wasser- und Sumpfschildkröten. Zwar gelten die Schildkröten als ruhige und robuste Tiere, doch der Schein trügt. Sie reagieren sehr empfindlich auf falsche Haltungsbedingungen, nicht artgerechte Pflege und unausgewogene Fütterung. So benötigen sie als wechselwarme Tiere ein ihnen entsprechendes Klima (eventuell künstlich schaffen), was gerade in unseren gemäßigten Zonen in den Übergangsjahreszeiten (Frühjahr und Herbst) und während längerer Schlechtwetterperioden Schwierigkeiten bereiten kann.
Die Anzeichen einer Erkrankung können recht unterschiedlich sein, wie z. B. Apathie, Appetitlosigkeit, Abmagerung, laufende Nase, verklebte Augen, veränderter Kot oder Panzerverformungen.
In der Regel dürfte der normale Wasser- oder Sumpfschildkrötenpfleger mit der richtigen Diagnose und der anschließenden Behandlung überfordert sein. Somit bleibt nur der Gang zu einem mit Schildkröten erfahrenen Tierarzt. Solche Spezialisten sind aber nach wie vor selten. Erfahrene Terrarianer können mit entsprechenden Adressen weiterhelfen, aber auch Zoos, die DGHT-Arbeitsgemeinschaften „Schildkröten und Panzerechsen" (Kontaktadresse: Rainer Engert, Am Pettweg 1 in 68642 Bürstadt) oder „Amphibien- und Reptilienkrankheiten" (Kontaktadresse: Ingo Pauler, Im Sandgarten 4, 67157 Wachenheim) sind weitere Anlaufstellen.
Leichter als eine Behandlung ist aber ganz klar die Vermeidung von Erkrankungen durch eine artspezifische und ausgewogene Fütterung und eine Quarantäne von Neuzugängen. Insbesondere frisch importierte Tiere stellen einen idealen Lebensraum für Krankheitserreger (Parasiten, Viren, Bakterien) dar. Als Trägertier zeigen die Schildkröten meist keine Anzeichen einer Erkrankung, können aber bei Vergesellschaftung mit anderen Tieren, die diese Erreger nicht kennen, zur lebensbedrohlichen Gefahr werden.

Quarantäne: Jedes neu erworbene Tier, das einer bestehenden Gruppe zugesetzt werden soll, hat eine Quarantänezeit zu durchlaufen. Für diese Einzelhaltung sind leicht zu reinigende Plastik- oder Glasaquarien geeignet. Damit es die Krankheitserreger bei ihrer Vermehrung nicht zu leicht haben – schließlich stellt das lauwarme Wasser ja geradezu einen idealen Lebensraum für sie dar –, sollte das Wasser zum Beispiel mit schwarzem Tee oder Torf leicht angesäuert werden.
Die wichtigste Aufgabe während der Quarantäne ist das Erkennen von Erkrankungen und deren Erregern. Zu diesem Zweck kann der Kot frisch erworbener Tiere zur kostenpflichtigen Untersuchung auf Salmonellen und Innenparasiten an verschiedene Institute geschickt werden. Folgende Angaben sollten möglichst beigefügt sein:

1. Wissenschaftlicher Name der Schildkröte
2. Alter und Herkunft
3. Dauer der Pflege
4. gegebenenfalls Krankheitssymptome

Bekannte Institute sind:
1. GE-VO Diagnostik, Jakobstr. 65 in 70794 Filderstadt
2. Tiergesundheitsamt Hannover, z. Hd. Herrn Dr. Röder, Vahrenwalder Str. 133 in 30165 Hannover
3. Labor Pfister, Morgenstr. 83 b in CH-3018 Bümpliz.

Erhält man von dort einen positiven Befund (liegt also ein Trägertum vor), so fragt man beim Tierarzt oder bei der Untersuchungsstelle nach Behandlungshinweisen und geeigneten Präparaten. Nach der Therapie sollte eine erneute Untersuchung durchgeführt werden. Führt sie zu einem negativen Befund (keine Parasiten nachweisbar), so darf die Schildkröte in den Gartenteich entlassen werden. Andernfalls muß sie erneut behandelt werden. Auf diese Weise läßt sich der häufige Wurm- oder Einzellerbefall leicht bestimmen und anschließend gezielt behandeln.
Eine wichtige Prophylaxe von Erkrankungen bei Schildkröten ist auch die getrennte Haltung verschiedener Arten.

Allgemeine Schwäche: Der allgemeine Schwächezustand einer Schildkröte stellt zwar keine klassische Erkrankung dar, führt aber trotzdem hin und wieder zu Problemen. Die Ursachen können sehr vielgestaltig sein. Schon eine ungewöhnlich lange und kalte Schlechtwetterperiode im Sommer, eine Infektion, Streß, der zum Beispiel durch zu viele Tiere, dominante andere Arten oder auch Störungen durch den Menschen hervorgerufen werden kann, oder auch einfach Futtermangel können den Schwächezustand herbeiführen. Futtermangel muß aber nicht bedeuten, daß die Tiere zu wenig Nahrung erhalten haben, vielmehr kann es vorkommen , daß die stärksten Tiere den schwächeren alles wegfressen.
Als Folge des schlechten Allgemeinzustandes fallen die Tiere oft in Apathie und verweigern teilweise sogar jegliche Nahrung. In diesem Fall müssen sie aus dem Teich herausgefangen und einzeln in Behältern mit warmem Wasser (ca. 28°C am Tage, nachts etwas kühler) gepflegt werden. Die Schildkröten müssen mit besonders hochwertigem und abwechslungsreichem Futter ernährt werden. Lebendfutter weckt in diesem Fall häufig schneller den Appetit als Fertigfutter. Helfen auch Einzelpflege und attraktives Futter nicht weiter, so bleibt nur der Gang zu einem erfahrenen Tierarzt.

Vitamin- und Mineralstoffmangel: Mangelerkrankungen kommen auch heute noch vor und äußern sich in den verschiedensten Symptomen. Am bekanntesten sind die Panzererweichung und die Panzerdeformierung, die auf unzureichende Kalzium- und Vitamin D3-Gaben sowie auf eine nicht ausreichende UV-Strahlung zurückzuführen sind. Gerade Jungtiere sollten daher möglichst ungefiltertes Sonnenlicht erhalten, damit in der Haut die Bildung von Vitamin D3 angeregt wird.
Den Mangelerscheinungen kann man durch eine ausgewogene und reichhaltige Ernährung vorbeugen. Grundsätzlich sollte das gesamte Futter mit einem Vitamin- und Mineralstoffgemisch versehen sein oder vor der Verfütterung mit entsprechenden Präparaten eingestäubt werden. Im käuflichen Fertigfutter sind im Regelfall alle erforderlichen Vitamine und Mi-

neralstoffe enthalten. Ist es trotz aller Sorgfalt zur Erkrankung einer Schildkröte gekommen, so muß sie separat behandelt werden. Das Tier wird über das Futter gezielt mit ausreichend Kalziumlaktat und Vitamin D3 versorgt, was durch die Einzelhaltung gut kontrolliert werden kann. Als Nahrung reicht man nur kleine ganze Fische, Tatar oder anderes sehr mageres Muskelfleisch, in das ein Vitamin-Mineralstoffgemisch wie zum Beispiel Vita-Kalk eingeknetet wird. Zusätzlich erhält die Schildkröte zweimal in der Woche ein Multivitaminpräparat wie zum Beispiel Multimulsin, einen Tropfen je 10 cm Panzerlänge. Die Behandlung setzt man mindestens so lange fort, bis der Panzer wieder fest ist. Schwere Deformationen verwachsen nicht mehr und können sogar zu Behinderungen führen. Um Rückfällen vorzubeugen, sollten die Vitamingaben beibehalten werden.

Vitamin-A-Mangel äußert sich bei Jungtieren häufig in Form von Lidschwellungen. Die Schildkröten sollten dann mit einer Augensalbe, die Vitamin A enthält, und durch gezielte Vitamin-A-Gaben behandelt werden. Natürlich gestaltet sich dies nicht so einfach. Herr HÄFELI empfiehlt daher, die Schildkröten über Nacht trocken zu halten und sie morgens in ein mit Vitamin A versetztes Wasserbad zu geben. Erfahrungsgemäß stillen die Tiere dann als erstes ihren Durst und nehmen so die erforderlichen Medikamente zu sich. Hilft alles nichts, so muß der Tierarzt eine Depot-Spritze Vitamin A (ca. 20000 iE/kg Körpergewicht) verabreichen.

Erkältung: Viele Schildkröten erkranken leider recht schnell an einem zunächst harmlos erscheinenden Schnupfen. Ein Indiz für die beginnende Erkältung ist eine bläschenförmige Flüssigkeit, die aus der Nase austritt. Während des Atmens kann man leichte „Fiep“-Geräusche vernehmen, und beim Fressen atmen die Tiere mit leicht geöffnetem Maul. Im fortgeschrittenen Stadium kann gelblich-schleimiger Nasenausfluß oder Atemnot auftreten. Begleitet wird dieses häufig durch starke und frequentere Beinbewegungen beim Atmen. Hinzu kommen Lidschwellungen und verklebte Augen. Geht die Erkältung bereits in eine Lungenentzündung über, so erkennt man dies häufig an einer leichten Schräglage der Schildkröte beim Schwimmen. Eine Lungenentzündung kann fatale Folgen haben. Die Entzündungsprodukte, die sich in der Lunge sammeln, können aufgrund des fehlenden Zwerchfells bei Reptilien nicht abgehustet werden, und ohne Behandlung verenden die Tiere qualvoll.

Im Anfangsstadium helfen Wärme, Vitamin-A-Gaben und Kamillendampfbäder. Zeigt die Behandlung keinen Erfolg, oder befindet sich das Tier in einem geschwächten Zustand, bzw. ist die Krankheit schon weiter fortgeschritten, wird der Gang zum Tierarzt unausweichlich. Grundsätzlich gilt auch hier: lieber früher als zu spät zum Veterinär gehen.

Die in diesem Zusammenhang auftretenden Augenschwellungen behandelt man, indem man das Auge dreimal täglich mit Kamillentee auswäscht und anschließend mit Augensalbe bestreicht (z.B. Terramycin, Spersanicol, ohne Kortison).

Parasitenbefall: Bei importierten Schildkröten ist immer mit Endoparasiten zu

rechnen. Das gilt auch für Nachzuchten aus der Freilandhaltung, da sich die Tiere über ihren Kot oder Urin anstecken können (bei direktem Entwicklungszyklus des Parasiten).
Bei großen, im Freiland gehaltenen Gruppen empfiehlt sich eine zweimalige Entwurmung pro Jahr. Die erste Behandlung sollte nach Beendigung der Winterruhe erfolgen und zwar sobald die Tiere wieder gut fressen. Die zweite Wurmkur sollte im Spätsommer durchgeführt werden, solange die Tiere noch aktiv sind. Da gewisse Parasiten (z.B. Oxyuren) als Eier überwintern können, ist ein parasitenfreier Bestand im Freiland kaum möglich. Die Parasiten können aber mit ihrem Wirt in einem dynamischen Gleichgewicht leben, so daß eine Verringerung der Parasitenbürde durch regelmäßiges Entwurmen (z.B. Panacor 2,5% 50 mg/kg peroral) genügt.
Wesentlich bedeutsamer als Würmer sind bei den Schildkröten andere Innenparasiten wie z. B. Einzeller (Protozoen, Urtierchen). Solche Amöben und Flagellaten (am häufigsten sind es Hexamiten) können im Verdauungstrakt beherbergt sein, ohne daß der Wirt krank erscheint. Bei Durchfall, der Abgabe von schleimigem Urin und Nahrungsverweigerung ist der Kot unbedingt untersuchen zu lassen (körperwarm oder in Fixierlösung) und die Schildkröte mit Metronidazol zu behandeln (z.B. Clont, Flagyl 100 mg/kg täglich peroral während einer Woche). Gegen Hexamiten hilft auch ein 14tägiges Dauerbad in einer Lösung aus 400 mg/kg Körpergewicht Dimetridazol pro Liter Wasser. Während der Behandlung ist ein täglicher Wasserwechsel erforderlich.

Verletzungen: Pflegt man eine ganze Gruppe von Wasser- oder Sumpfschildkröten in einem Gartenteich, kann es bei den Revierkämpfen und beim Balzverhalten leicht zu Biß-, Ramm- oder Paarungsverletzungen (Kloakenregion) kommen. Dann sollte die Wunde sofort gesäubert (Schmutzteile entfernen und ausspülen) und anschließend desinfiziert werden (Betadine/Betaisadona oder Gentianaviolettlösung: 5% Gentianaviolett in 70% Alkohol, gegebenenfalls in der Apotheke mischen lassen). Ist die Verletzung älteren Datums, bereits entzündet oder gravierend (tief, Frakturen), sollte ein Tierarzt hinzugezogen werden.
Nicht selten kommt es zu einem Penisvorfall. Durch Kühlen mit einem Eiswürfel und unter Zuhilfenahme öliger Salben versucht man, den Penis vorsichtig wieder einzumassieren.

Panzerfäule: Von einer Panzerfäule spricht man, wenn sich auf dem Panzer unter den Hornplatten eiternde Löcher bilden. Häufige Ursache ist stark verschmutztes Wasser, eine Verletzung oder eine allgemeine Abwehrschwäche. Das erkrankte Tier muß sofort vom restlichen Bestand separiert und unter den Bedingungen einer Quarantäne gepflegt werden. In der Regel ist ein Gang zum Tierarzt unumgänglich, damit dieser die wunden Stellen fachgerecht ausräumen kann, weitere Pflegeanweisungen gibt und notwendige Medikamente verabreicht. Eine Behandlung ist nur erfolgversprechend, wenn die Schildkröte trocken und möglichst steril gepflegt wird. Lediglich zweimal täglich sollte ein kurzes Bad in sauberem Wasser erfolgen.

Pilzerkrankungen: Leider gedeihen nicht nur Bakterien hervorragend in dem feuchten Milieu. Auch Pilze profitieren von diesen Umweltbedingungen. Bei Schildkröten erkennt man eine Pilzinfektion leicht an den oberflächlichen Veränderungen des Panzers, so zum Beispiel durch den Verlust der typischen Färbung. Die Pilze vermehren sich durch Sprossung und durch Sporen, die sich unter geeigneten Bedingungen schnell ausbreiten. Erkrankte Tiere müssen daher sofort herausgefangen und in ein Quarantänebecken gesetzt werden. Die eigentliche Behandlung erfolgt mit einem Antimykotikum nach Anweisung eines Tierarztes.

Legenot: Von einer Legenot (Dystozie) spricht man, wenn ein Weibchen nicht mehr in der Lage ist, seine Eier ohne Hilfe abzulegen. Man erkennt dieses (die Beurteilung erfordert aber eine gewisse Erfahrung) an Unruhe, zunehmender Grabtätigkeit, dem Verweilen über der Nestgrube oder einsetzender Wehentätigkeit (Stöhnen, Pressen) ohne Eiablage. Die Legenot kann viele Ursachen haben. In der Regel ist es eine Form von Streß oder das Fehlen eines geeigneten Eiablageplatzes (Substrat, Feuchtigkeit, Temperatur, Lage). Männchenüberschuß (ständige Kopulationsversuche) oder bereits die Anwesenheit des Pflegers reichen bei sensiblen Arten ebenfalls aus, eine Legenot auszulösen. Auch ein Wettersturz mit starker Abkühlung (mangelnde Aktivität) kann die Ursache sein. Daher ist es bei allen Arten von Vorteil, den Ablagehügel mit einem Winterbeet zu schützen, so daß er für die Weibchen eine „optimale", also wärmere Temperatur aufweist. Auch physiologische Gründe wie Vitamin- und Mineralstoffmangel (ungenügende Schalenbildung) oder eine abnorme Größe der Eier (Festklemmen in Beckenhöhle) sind als Ursachen beobachtet worden. Ist das Weibchen aufgrund zu großer Eier in Legenot geraten, so hilft nur ein chirurgischer Eingriff. In den leichten Fällen handelt es sich jedoch meist um Fehler, die leicht vermieden werden können, zum Beispiel indem Kalzium über das Futter gegeben wird, überzählige Männchen entfernt werden, Legehügel in Südlage gebaut werden oder legebereiten Weibchen eine wärmere Umgebung (Gewächshaus, beheiztes Zimmeraquarium mit Ablegemöglichkeit) geboten wird.

Ist die Legenot erst einmal eingetreten, sollte vor einer Therapie mit dem Wehenhormon Oxytocin geklärt sein, daß die Geburtswege überhaupt frei sind (keine eingeklemmten oder verklebten, rauhschaligen Eier; keine mißgebildeten oder verletzten Eier, die beim Pressen schwere Eileiterwunden verursachen können). Dies erfolgt mittels einer Röntgenaufnahme. Um eine Behandlung der Legenot einzuleiten, erhält das Weibchen Kalzium gespritzt (1ml/kg subkutan, 10% sterile Kalziumlösung), wodurch die Eileitermuskulatur für das Hormon empfindlich gemacht wird. Nach 30 Minuten bekommt das Tier die Oxytocinspritze intramuskulär verabreicht (ca. 10 I.E. je Kilogramm Körpergewicht). In einem Wasserbad bei 30 bis 35°C wird das Weibchen dann in absoluter Ruhe gelassen. Nach weiteren 30 Minuten werden im Normalfall die ersten Eier ausgestoßen. Sollte die Behandlung nicht erfolgreich gewesen sein, kann sie am nächsten Tag wiederholt werden (unter Annahme der freien Geburtswege). Nach einem erneuten Fehlversuch muß die Schildkröte von einem erfahrenen Tierarzt operiert werden.

Gesetzliche Bestimmungen

Wer sich heute intensiver mit der Haltung und Zucht von Wasser- und Sumpfschildkröten beschäftigen möchte, kommt um umfangreiche Kenntnisse im Arten- und Tierschutzgesetz mit seinen zahllosen Nebenbestimmungen nicht herum. Da derartige Vorschriften Inflationstendenz zeigen und zahllose Neuerungen geplant sind, wollen wir auf eine vertiefende Darstellung verzichten und nur einen kleinen Überblick geben. Jeder Schildkrötenpfleger, der geschützte Arten hält, sollte Kontakt zu seinem zuständigen Sachbearbeiter bei der entsprechenden Naturschutzbehörde aufnehmen (Die jeweilige Zuständigkeit ist von Bundesland zu Bundesland unterschiedlich geregelt. In NRW z. B. ist dies die untere Landschaftsbehörde, in Hessen sind es die Regierungspräsidenten), um sich über den aktuellen Gesetzesstand zu informieren, aber auch, um mit ihm über die Handhabung der An- und Abmeldebestimmungen zu sprechen. Informationen über die gültigen Ein- und Ausfuhrbestimmungen erfragt man beim neu geschaffenen Bundesministerium für Umwelt in Bonn.

Die wichtigste Schutzbestimmung ist das Washingtoner Artenschutzübereinkommen (WA), das den internationalen Handel mit geschützten Tieren regelt. Glücklicherweise ist bisher keine der von uns vorgestellten Arten davon betroffen.

Als weiteres Gesetz ist noch die Bundesartenschutzverordnung, kurz BArtSchV, für die Schildkrötenpflege von Bedeutung. Sie stellt einen zusätzlichen Schutz für bedrohte Arten dar und soll demnächst durch eine EG-Verordnung ersetzt werden. Sie ist in verschiedene Anlagen aufgeteilt. In der Anlage I sind z. B. alle europäischen Schildkrötenarten aufgeführt. Das bedeutet, daß sie nur erworben werden dürfen, wenn der Besitzer gültige Papiere mitliefern kann. Nehmen Sie gegebenenfalls vor der Anschaffung Kontakt mit Ihrer zuständigen Umweltbehörde auf, um die aktuelle Rechtslage zu klären.

Um sich in dem Dschungel an Vorschriften zurechtzufinden, kann jedem interessierten Leser der Kauf des vom BNA (Bundesverband für fachgerechten Natur- und Artenschutz) herausgegebenen Buches „Das neue Artenschutzrecht – Gesetze – Verordnungen – Kommentare“ empfohlen werden (BNA-Geschäftsstelle, Postfach 1110 in 76707 Hambrücken).

Eine der zahllosen geplanten Neuerungen sind die „Mindestanforderungen an die Haltung von Reptilien“. Dort sollen verschiedene Grundvoraussetzungen für eine tiergerechte Unterbringung festgelegt werden. Wichtige Gesichtspunkte dabei sind die Klimafixierung und die Terrariengröße. Wie sich dies auf den Gartenteich auswirkt, bleibt abzuwarten. Doch dürften die Mindestanforderungen deutlich von jedem Gartenteich überschritten werden.

Arten für den Gartenteich

Im folgenden wollen wir die für die Pflege im Gartenteich gut haltbaren Wasser- und Sumpfschildkrötenarten ausführlich in alphabetischer Reihenfolge vorstellen. Dabei sollen neben den allgemeinen Daten wie Verbreitung, natürlicher Lebensraum, Aussehen und ähnliches auch alle für eine artgerechte Haltung und Zucht notwendigen Informationen gegeben werden. Wir verwenden in unserem Buch die neueste Systematik nach IVERSON (1992): „A Revised Checklist with Distribution Maps of the Turtles of the World".

In dieser großen Teichanlage werden Schildkröten der Gattungen *Emys*, *Mauremys* und *Chrysemys* gemeinsam gepflegt. Foto: Wolfgang Hemmer

Gattung: *Chinemys*

Die Gattung *Chinemys* gehört zur Familie der Sumpfschildkröten (Emydidae) und ist in Südostasien beheimatet. Sie besteht aus den zwei Arten *Chinemys nigricans* und *Chinemys reevesii*. Beide gelten als schlechte Schwimmer und werden daher zu den halbaquatisch lebenden Sumpfschildkröten gezählt.

Für die Haltung im Gartenteich ist nur die Art *Chinemys reevesii* geeignet.

Chinesische Dreikielschildkröte

***Chinemys reevesii* (GRAY, 1831)**

Verbreitung: Die Chinesische Dreikielschildkröte lebt in China, Korea, Taiwan und Japan. Ihr genaues ursprüngliches Verbreitungsgebiet, insbesondere das in China, ist unbekannt, da die Tiere überall auf den Märkten als Nahrungsmittel angeboten werden und auf diese Weise über das ganze Land verteilt wurden. Die auf verschiedenen Inseln Japans vorkommenden Tiere sind, wie auch die Populationen in Kanada und den USA, eingeführt worden.

Lebensraum: Da die Chinesische Dreikielschildkröte, wie schon erwähnt, ein schlechter Schwimmer ist, lebt sie bevorzugt in flacheren Gewässern wie kleinen Tümpeln, Sumpfgebieten, Reisfeldern, Gräben, Bewässerungsanlagen und Kanälen. Die Art gilt als Kulturfolger.

In ihrem natürlichen Lebensraum verlassen die Schildkröten das Wasser hauptsächlich bei starken Regenfällen. Sie legen dann weite Strecken über Land zurück, um zum Beispiel andere Gewässer aufzusuchen. Diese Wanderbereitschaft ist abhängig von der Jahreszeit und den vorherrschenden Temperaturen.

Betrachtet man das große Verbreitungsgebiet dieser Art, das sich über verschiedene Klimazonen erstreckt, erkennt man, daß es sich um eine sehr anpassungsfähige Schildkrötenart handelt. *Chinemys reevesii* gilt auch als eher unempfindlich gegenüber extremen Temperaturwerten. So verträgt sie im Sommer die oft vorherrschenden hohen Temperaturen ebenso wie die winterlichen Kältephasen, die von ihr an Land eingegraben überdauert werden.

Beschreibung: Obwohl die Chinesische Dreikielschildkröte mit einer durchschnittlichen Panzerlänge von zirka 15 cm zu den kleineren Sumpfschildkröten zählt, sind schon weibliche Exemplare mit einer Gesamtlänge von 25 cm gefunden worden. Die Männchen bleiben deutlich kleiner, sie erreichen meist nur eine Panzerlänge von 12 cm.

Aufgrund ihrer Herkunft und der drei deutlich erkennbaren Längskiele auf dem Rückenpanzer erhielt *Chinemys reevesii* ihren deutschen Namen „Chinesische Dreikielschildkröte".

Ein besonderes Merkmal dieser Art ist der ausgeprägte Sexualdimorphismus. So sind Rücken- und Bauchpanzer der Männchen dunkelgrau bis schwarz, die der Weibchen und der Jungtiere eher hell- bis dunkelbraun gefärbt. Von den Panzerschildern heben sich die hellgrau bis beige gefärbten Nähte deutlich ab.

Die Färbung der Gliedmaßen ist bei den älteren Männchen meist schwarz und weist keine Zeichnung auf. Hingegen sind die Weichteile der Weibchen und der Jungtiere graubraun gefärbt und sowohl der Kopf als auch der Hals mit unterschiedlich stark ausgeprägten gelblichen Längsstreifen versehen.

Die Iris der Männchen ist einfarbig schwarz, die der Weibchen gelb umrandet. Wie bei den meisten Schildkrötenarten ist der Bauchpanzer der Männchen konkav geformt, und ihr Schwanz ist erheblich dicker und länger als der der Weibchen.

An den Füßen befinden sich vorne fünf und hinten vier Zehen, zwischen denen sich nur sehr schwach entwickelte Schwimmhäute zeigen.

Haltung und Zucht: Obwohl es sich bei der Chinesischen Dreikielschildkröte um eine sehr anpassungsfähige und unkomplizierte Art handelt, empfiehlt sie sich nicht zur ausschließlichen Pflege in einem mitteleuropäischen Gartenteich. Besonders während der Übergangsjahreszeiten (also im Herbst und im Frühjahr) sollten die Tiere im Zimmer gehalten werden. Im Garten können die Schildkröten je nach Witterung von Mitte Mai bis Ende September problemlos belassen werden. Ist eine ganzjährige Haltung im Garten geplant, so müssen entsprechende bauliche

Ein Weibchen der Chinesischen Dreikielschildkröte. Foto: Matthias Schmidt

Vorkehrungen, wie eine Teilüberdachung des Freilandterrariums, getroffen werden und zusätzliche Wärmelampen für die Übergangsjahreszeiten vorhanden sein.
Der Teich muß so gestaltet werden, daß er der schlechten Schwimmfähigkeit der Tiere gerecht wird. Die tiefste Stelle darf nicht mehr als 50 cm betragen, und zum Rand hin sollte der Wasserstand langsam niedriger werden. Eine üppige Unterwasservegetation ist Voraussetzung, was in Anbetracht der Tatsache, daß die Schildkröten die Bepflanzung nur selten beschädigen, keine große Schwierigkeit darstellt. Selbst schwachwüchsige Pflanzen können sich gut entwickeln. Während es bei dem Rivalitätsverhalten der Männchen untereinander selten zu Kämpfen kommt, sind die Weibchen wesentlich unverträglicher, und es kann oft zu Beißereien kommen, die jedoch ohne größere Verletzungen enden.
Charakteristisch für *Chinemys reevesii* ist ihre sich schnell entwickelnde Zutraulichkeit dem Menschen gegenüber, die soweit geht, daß man sie nach einiger Zeit der Eingewöhnung mühelos aus der Hand füttern kann. Auch flüchtet sie nicht hektisch ins Wasser wie einige andere Arten, wenn sie auf dem Land beim Sonnenbaden überrascht wird.
Wie in ihrem natürlichen Verbreitungsgebiet gräbt sich die Chinesische Dreikielschildkröte zu einer kurzfristigen Sommerruhe im Landteil ein. Manchmal unternimmt sie hartnäckige Ausbruchsversuche, denen man am besten mit einer festen Umzäunung aus in den Boden eingelassenen Palisaden entgegenwirkt.
Eine kalte Ruhephase im Winter ist unbedingt einzuhalten, da sie als Auslöser für die Fortpflanzung gilt. Wie gesagt, die ganzjährige Pflege in einer Freilandanlage ist möglich, doch sollten die Schildkröten die Wintermonate besser in einem Keller oder einem anderen kühlen Raum untergebracht werden. Diese Art sollte wie die Landschildkröten (vgl. MÜLLER & SCHMIDT 1995) vergraben im Boden überwintert werden. Hierzu hat es sich als günstig erwiesen, die Tiere direkt aus dem Gartenteich (etwa Ende Oktober, je nach Witterung und Vorkehrungen) in den Winterschlaf zu schicken. Hierfür bereitet man eine besondere Überwinterungskiste vor, die ein feuchtes Erd-Sandgemisch enthalten sollte, in das sich die Schildkröten mühelos eingraben können. Die Überwinterungsdauer beträgt 8 bis 12 Wochen bei Temperaturen zwischen 8 und 15°C.
Die Paarungszeit beginnt unmittelbar nach der Überwinterung. Im Anschluß an die Winterruhe werden die Schildkröten in einem großen Aquaterrarium im Zimmer gepflegt. Der Wasserteil sollte großzügig gestaltet werden und die Wassertemperaturen bei 20 bis 25°C liegen. Die Lufttemperatur kann tagsüber bis auf 30°C ansteigen und nachts auf 20°C abfallen. Ein Wasserstand von mindestens 20 cm ist unbedingt erforderlich. Nach einer Trächtigkeit von mehreren Wochen beginnen die Weibchen mit der sorgfältigen Suche nach einem geeigneten Eiablageplatz.
Im Gegensatz zu ihrer ansonsten eher einfachen Haltung stellen die Weibchen an den Nistplatz recht hohe Anforderungen bezüglich Feuchtigkeit und Temperatur. Dementsprechend muß der Landteil eine gewisse Größe aufweisen. Der Bodengrund sollte aus einer immer feucht zu haltenden sandigen, zirka 18 bis 20 cm hohen Substratschicht bestehen, in die die Weibchen ihre

Gelege vergraben können. Setzt man die Schildkröten aufgrund günstiger Wetterbedingungen schon etwas eher in den Gartenteich, so vergraben sie ihre Eier an einer besonders sonnenexponierten Stelle am Südufer. Die Eiablage erfolgt in einem ca. 15 cm tief ausgrabenen Nest, in das 2 bis 4 walzenförmige Eier gelegt werden.
Mit einer Länge von 32 bis 44 mm weisen die Eier eine recht variable Größe auf. Es erfolgen meist drei Gelege im Abstand von etwa vier Wochen. Gezeitigt werden die Eier bei einer 90 bis 100%igen relativen Luftfeuchtigkeit in Vermiculite, Perlite oder ähnlich geeigneten Substraten bei Temperaturen um 28°C.
Über eine Geschlechterbestimmung durch die Zeitigungstemperatur sind noch keine genaueren Untersuchungen bekannt.
Je nach Zeitigungstemperatur schlüpfen die Schildkrötenbabys nach 60 bis 80 Tagen. Da die Chinesische Dreikielschildkröte sehr gesellig ist, zieht man die Jungtiere auf jeden Fall gemeinsam auf. Man kann sie auch sehr gut mit Wasserschildkrötenbabys anderer Arten vergesellschaften.
Die anfängliche Scheu der kleinen Schildkröten verliert sich nach einigen Wochen, und sie werden genauso zahm wie die Alttiere.
Futter: Die Chinesische Dreikielschildkröte bevorzugt im Terrarium oder in der Freilandanlage tierische Kost wie Fleisch, Fisch, Insekten, Würmer, Garnelen und anderes. Auch Fertigfutter wird gerne angenommen. Gerade bei der Aufzucht der Jungtiere ist das Futter häufig zu wechseln und mit Kalk und Vitaminen anzureichern.

Männchen der Dreikielschildkröte sind dunkler gefärbt als die Weibchen. Foto: Matthias Schmidt

Gattung: *Chrysemys*

Diese in Nordamerika lebenden Sumpfschildkröten zählen zu den am häufigsten vorkommenden Schildkröten innerhalb ihres Verbreitungsgebietes. Die Zierschildkröte (*Chrysemys picta*) ist die einzige Art der monotypischen Gattung und wird in vier Unterarten aufgesplittet. Alle eignen sich zumindest im Sommer und die nördlichen Formen auch ganzjährig für die Freilandhaltung im mitteleuropäischen Gartenteich.

Zierschildkröte

***Chrysemys picta* (Schneider, 1783)** Abb. S. 23, **55**

Verbreitung:

Zierschildkröte *Chrysemys picta picta* (Schneider, 1783)
Das Verbreitungsgebiet der Nominatform reicht vom südöstlichen Kanada über Neuengland und die atlantischen Küstenstaaten bis nach Georgia und von dort aus in westlicher Richtung bis in den Osten von Alabama.

Indianer-Zierschildkröte *Chrysemys picta bellii* (Gray, 1831)
Diese Unterart wird auch als Westliche Zierschildkröte bezeichnet. Ihr Verbreitungsgebiet beginnt im Westen von Ontario, reicht durch das südliche Kanada bis nach British Columbia und südwärts bis nach Missouri, Nord-Oklahoma, Wyoming, Idaho und Nord-Oregon. Vereinzelte Populationen findet man in New-Mexico, im Süden von Utah, im südwestlichen Colorado und im nördlichen Chihuahua (Mexiko). Wenn man einmal von den südlichen Populationen absieht, ist diese Unterart die am besten für eine ganzjährige Pflege im Gartenteich geeignete Form.

Rückenstreifen-Zierschildkröte *Chrysemys picta dorsalis* (Agassiz, 1857)
Vom südlichen Illinois und Missouri ausgehend, findet man diese Unterart südwärts entlang beider Seiten des Mississippi bis zur Golfküste von Louisiana und ostwärts durch den nördlichen Teil des Staates Mississippi bis nach Alabama. Im Südosten von Oklahoma befindet sich noch eine isolierte Population.

Bunte Zierschildkröte *Chrysemys picta marginata* (Agassiz, 1857)
Das Verbreitungsgebiet dieser Unterart erstreckt sich von Südost-Wisconsin, Ost-Illinois, West-Kentucky und Tennesee ostwärts bis zur Grenze von Nord-Carolina und wei-

ter nordwärts nach West-Virginia, Ost-Pennsylvania und New York. Die nördlichste Grenze des Verbreitungsgebietes bildet das Gebiet um Sault-Sainte-Marie (Ontario) bis zum westlichen Teil vom südlichen Quebec.

Betrachtet man die Verbreitungsgebiete der einzelnen Unterarten, so stellt man fest, daß einige von ihnen in bestimmten Gebieten gemeinsam auftreten. Dies hat zur Folge, daß es gebietsweise zu einer Vermischung beziehungsweise zu einer Bastardisierung der Unterarten kommt.

Lebensraum: Die Zierschildkröte bevorzugt stehende und schwach fließende Gewässer die eine üppige Vegetation aufweisen. Entlang der Atlantikküste lebt sie sogar im Bereich der Brackwasserzone. Plätze wie im Wasser treibende Baumstämme oder Wurzeln werden von ihr bevorzugt zum Sonnenbaden genutzt.

Chrysemys picta ist tagaktiv und schläft in der Nacht inmitten üppiger Vegetation auf dem Bodengrund der Gewässer oder auf aus dem Wasser ragenden Wurzeln und Baumstämmen. Als ausgezeichneter Schwimmer besitzt sie einen ausgeprägten Bewegungsdrang im Wasser. Je nach Verbreitungsgebiet und Unterart halten diese Sumpfschildkröten eine kurze oder länger andauernde Winterruhe unter Wasser.

Beschreibung: Der Rückenpanzer der Zierschildkröte ist von schwarzbrauner bis grünlicher Grundfarbe, flach, glatt und ohne Rückenkiel, die Randschilder sind nicht gesägt. Die Männchen bleiben meist kleiner als die Weibchen und haben verlängerte Vorderkrallen sowie längere und an der Wurzel verdickte Schwänze. Es handelt sich um eine sehr hübsch gezeichnete Sumpfschildkrötenart, deren Unterarten sich anhand ihrer Zeichnung und Färbung folgendermaßen unterscheiden:

Chrysemys picta picta: Die Nähte der Rückenschilder sind hell markiert, der Bauchpanzer ist meist einfarbig gelblich und weist selten einen dunklen Fleck auf. Rippen und Wirbelschilder sind in mehr oder weniger geraden Querreihen angeordnet. Die Rückennähte sind deutlich breiter als bei *Chrysemys picta marginata.* Sowohl die oberen als auch die unteren Randschilder haben eine rötliche Zeichnung. Der olivgrüne bis dunkelbraune Kopf weist gelblich leuchtende Längsstreifen auf. Ebenfalls von dunkler Grundfarbe, aber mit rötlichen Streifen versehen sind die Vorder- und Hinterbeine sowie die Halsregion. Die maximale Rückenpanzerlänge liegt bei 18 cm.

Abb. 9: ***Chrysemys picta marginata* (l.) und *Chrysemys picta picta* (r.) im direkten Vergleich.** Foto: Wolfgang Hemmer

Abb. 10: ***Chrysemys picta marginata* ist im Jugendstadium besonders ansprechend gefärbt.** Foto: Matthias Schmidt

Abb. 11: **Bauchpanzer von *Chrysemys picta marginata*.** Foto: Matthias Schmidt

Abb. 12: **Rücken- und Bauchansicht von *Chrysemys p. bellii*.** Foto: Wolfgang Schmidt

Abb. 13: **Maurische Wasserschildkröte, *Mauremys leprosa*.** Foto: Matthias Schmidt

Abb. 14: **Waldbachschildkröte, *Clemmys insculpta*.** Foto: Matthias Schmidt

Abb. 15: **Falsche Landkarten-Höckerschildkröte, *Graptemys p. pseudogeographica*.** Foto: Matthias Schmidt

Abb. 16: **Kaspische Bachschildkröte, *Mauremys caspica*.** Foto: Wolfgang Hemmer

9

10

11

12

13

14

15

16

18

19

Chrysemys picta bellii: Der Rückenpanzer hat bei den Jungtieren ein intensives Olivgrün und weist ein strahlenförmiges gelbrotes bis rotes Muster auf, welches mit zunehmendem Alter verschwindet. Die Rükkenschilder sind dann nur noch einfarbig dunkelolivgrün oder dunkelbraun gefärbt. Der auffallend schöne Bauchpanzer von rotgelber bis einfarbig roter Grundfärbung ist versehen mit meist durchgehenden dunklen Flecken, die seitlich längs der Quernähte fortgesetzt werden. Vorder- und Hinterbeine haben rote, teilweise unterbrochene Längslinien, Kopf und Hals weisen eine gelbe Linienzeichnung auf. Mit einer Carapaxlänge bis zu 25 cm ist sie die größte Zierschildkrötenunterart.

Chrysemys picta dorsalis: Durch den auf der Mitte des Rückenpanzers verlaufenden roten, orangen oder ins Gelbe gehenden Längsstreifen läßt sich diese Unterart von den drei anderen sehr gut unterscheiden. Die Gließmaßen weisen ebenfalls rötliche Längsstreifen auf, während Kopf und Hals eine gelbe Linienzeichnung besitzen, die bei einigen Exemplaren durch Unterbrechungen wie eine Fleckenzeichnung wirken kann. Mit einer Carapaxlänge von maximal 14 cm ist sie die kleinste Unterart der Zierschildkröte.

Chrysemys picta marginata: Die Bunte Zierschildkröte hat sehr viel Ähnlichkeit mit der Indianer-Zierschildkröte. Sie unterscheidet sich von dieser durch die versetzten Rückenschilder und einen größeren dunklen Fleck auf dem Bauchpanzer. Die Rotanteile auf den Randschildern und an den Gliedmaßen sind besonders intensiv. Über den Rückenpanzer verläuft noch ein dunkelroter dünner Mittelstreifen. Es handelt sich bei *Chrysemys picta marginata* um eine mittelgroße Unterart mit einer Panzerlänge von durchschnittlich 11 bis 14, maximal 18 cm.

Haltung und Zucht: Die Zierschildkröte ist durch ihre attraktive Zeichnung und Färbung sowie ihr interessantes Verhalten eine sehr beliebte und häufig im Gartenteich gepflegte Schildkrötenart. Besonders die nördlichen Formen der einzelnen Unterarten sind unempfindlich gegenüber niedrigen Temperaturen. Da man aber leider häufig nichts Genaues über die Herkunft der erworbenen Tiere erfährt, sollte die Pflege zumindest bei *Chrysemys picta dorsalis* wieder aus einer Kombination von Freiland und Zimmerhaltung bestehen, ähnlich wie sie bei *Chinemys reevesii* beschrieben wurde.

Der Gartenteich sollte relativ groß sein, da die Schildkröten einen ausgeprägten Bewegungsdrang haben. Werden die Tiere im Garten überwintert, so sollte der Teich mindestens eine Tiefe von einem Meter besitzen. Bei einer Überwinterung im Kel-

Abb. 17: Die Amerikanische Sumpfschildkröte, *Emydoidea blandingii*, erreicht eine maximale Panzerlänge von 26 cm.
Foto: Wolfgang Hemmer

Abb. 18: Das Portrait dieser Schnappschildkröte, *Chelydra serpentina serpentina*, läßt die enorme Kraft der Kiefer erahnen.
Foto: Arend van den Nieuwenhuizen

Abb. 19: Die Schnappschildkröte nimmt eine Sonderstellung unter den für den Gartenteich geeigneten Arten ein. Aufgrund ihrer extremen Wehrhaftigkeit und Angriffslust gehört sie nur in die Hände von Spezialisten!
Foto: Rudolf König

ler reicht eine Wassertiefe von etwa 50 cm aus.
Die Zierschildkröte nimmt gerne lang anhaltende Sonnenbäder. Bei Zimmerhaltung in den Übergangsjahreszeiten muß ein ausreichend starker Strahler über dem Landteil angebracht werden.
Es ist bislang nicht bewiesen, daß die Zierschildkröte zur Fortpflanzung unbedingt eine Ruhephase in Form eines Winterschlafes benötigt. Selbst bei den nördlichen Formen reicht es, die Beleuchtungsdauer im Winter zu verkürzen und die Temperaturen geringfügig abzusenken, um die Schildkröten zur Paarung zu stimulieren. Es kann daher auch die Überwinterung in einem recht kühlen Zimmer erfolgen.
Die Paarungen erfolgen in der Natur hauptsächlich von März bis Juni. Nur bei im Terrarium gepflegten Tieren können Paarungen über das ganze Jahr hindurch beobachtet werden. Es ist jedoch keinesfalls von Nachteil, die Tiere in einen ausgiebigen, etwa zwei bis drei Monate andauernden Winterschlaf zu schicken. Hierfür wird die Überwinterung im Wasser, wie im allgemeinen Teil beschrieben, empfohlen.
Wie bei den meisten Sumpfschildkrötenarten werben auch die Zierschildkrötenmännchen um die Gunst der Weibchen im Wasser. Zu diesem Zweck schwimmt das Männchen frontal auf das Weibchen zu und streckt diesem seine mit verlängerten Krallen versehenen Vorderfüße zitternd entgegen. Dieses Verhalten zeigt das Männchen so oft und so lange, bis sich das paarungsbereite Weibchen auf den Bodengrund absinken läßt und es dort zur Kopulation kommt. In ihren natürlichen Verbreitungsgebieten und auch im Gartenteich erstreckt sich die Eiablage auf die Zeit von Ende Mai bis Mitte Juli, wobei die Hauptablegezeit im Juni und Juli liegt. Je nach Unterart variiert die Gelegegröße zwischen 2 und 20 Eiern. Die größten Gelege mit bis zu 20 Eiern legt die Indianer-Zierschildkröte. Wesentlich kleiner mit maximal 12 Eiern sind die Gelege von *Chrysemys picta picta* und *Chrysemys picta marginata*. Die kleinste Unterart, *Chrysemys picta dorsalis,* legt nur zwei bis sieben Eier pro Gelege ab.
Sowohl im Garten als auch im Aquaterrarium muß dem Weibchen zur Eiablage ein gleichmäßig gut feuchtes und warmes, aus grobem Sand bestehendes Substrat angeboten werden. Die Eiablage erfolgt meist in den frühen Abendstunden, ist aber auch schon am Morgen beobachtet worden. Hierfür hebt das Weibchen mit den Hinterbeinen eine zirka 10 cm tiefe Nistgrube aus. Die empfindlichen, durchschnittlich 32 mm großen, weichschaligen Eier sollten sofort vorsichtig und ohne Veränderung ihrer Lage entnommen und zur Zeitigung in ein geeignetes feuchtes Substrat gebettet werden.

Rückenstreifen-Zierschildkröte
Foto: Wolfgang Hemmer

Auch bei dieser Art bestimmen unterschiedliche Zeitigungstemperaturen die Geschlechter. So entstehen bei hohen Temperaturen um 30,5°C nur Weibchen, während sich bei Temperaturen um 25°C hauptsächlich Männchen entwickeln.

Nach durchschnittlich 60 Tagen schlüpfen die kleinen, farbenprächtigen, etwa 28 mm großen Zierschildkrötenbabys. Ihnen ist bei der Aufzucht besonders viel Aufmerksamkeit zu widmen. So sollten zum Beispiel die Wasser- und Lufttemperatur des Aufzuchtbeckens 25°C nicht unterschreiten.

Werden mehrere Babys zusammen aufgezogen, müssen ihnen ausreichende Versteck- und Ausweichmöglichkeiten angeboten werden, da sie untereinander recht unverträglich sind und es schon mal zu kleinen Beißereien kommen kann.

Eine Einzelaufzucht ist dennoch nicht empfehlenswert, da die durch Futterneid angeregte Freßgier stark nachlassen würde und es ja gerade für die Jungtiere wichtig ist, regelmäßig reichhaltiges Futter aufzunehmen.

Der durch das häufige Füttern notwendig werdende und für die Gesundheit wichtige, regelmäßige Wasserwechsel sollte etwa alle drei Tage erfolgen.

Futter: Besonders für die Aufzucht der Jungtiere muß ein abwechslungsreiches, ausgewogenes, mit Vitamin- und Kalkzusätzen angereichertes Futter angeboten werden. Die jungen Schildkröten nehmen ausschließlich fleischliche Nahrung zu sich, während mit zunehmendem Alter neben tierischer auch pflanzliche Kost (Salat, Bananen und andere Früchte) gefressen wird.

Indianer-Zierschildkröte, *Chrysemys picta bellii*. Foto: Wolfgang Schmidt

Gattung: *Clemmys*

Das Verbreitungsgebiet der zur Gattung *Clemmys* (Ritgen, 1828) gehörenden Sumpfschildkröten erstreckt sich über den Südosten Kanadas, den Osten Minnesotas bis nach Nordflorida. Im westlichen Teil Nordamerikas findet man sie vom äußersten Südwesten Kanadas bis zum nördlichen Baja California in Mexiko. Es werden vier Arten unterschieden, von denen bei einer Art zwei Unterarten anerkannt sind.
Drei von diesen Arten werden nachfolgend näher beschrieben, da sie sich aufgrund ihres Verbreitungsgebietes auch in unseren Breitengraden gut im Freiland pflegen lassen. Über die vierte Art (*Clemmys mühlenbergii*) ist nur wenig bekannt.

Tropfenschildkröte

***Clemmys guttata* (Schneider, 1792)** Abb. S. 14, **19, 20,** 41

Verbreitung: Das Verbreitungsgebiet der Tropfenschildkröte erstreckt sich vom Südosten Kanadas über weite Teile der USA, beginnend im nordöstlichen Illinois und Michigan ostwärts bis in den Süden von Maine und in südlicher Richtung bis Nordflorida.
Lebensraum: Obwohl es sich bei der Tropfenschildkröte um eine eher schlechte Schwimmerin handelt, ist sie sehr stark an das Leben im Wasser gebunden. Bevorzugte Lebensräume sind Sumpfgebiete, Feuchtwiesen, Bäche und Tümpel mit flachem Wasserstand, die keine oder nur eine geringe Strömung haben. Die morastigen Habitate zeichnen sich meist durch eine üppige Vegetation aus.
Clemmys guttata bevorzugt kühlere Temperaturen. In warmen Sommern lebt sie daher sehr versteckt und schützt sich entweder eingegraben im schlammigen Bodengrund oder in den Bauten von Bisamratten vor der sommerlichen Hitze. Die gleichen Orte werden von ihr auch zur Überwinterung aufgesucht.
Beschreibung: Mit einer maximalen Panzerlänge von 12,5 cm zählt *Clemmys guttata* zu den kleineren Sumpfschildkrötenarten. Der blauschwarze, schwach gewölbte Rückenpanzer ist mit gelblichen Sprenkeln versehen (daher auch ihr deutscher Name), die allerdings mit zunehmendem Alter abnehmen können. Die Oberfläche des Rückenpanzers ist glatt und ungekielt. Nur die Jungtiere zeigen einen schwach ausgeprägten Rückenkiel. Die Randschilder sind nicht gesägt. Der Bauchpanzer ist auffällig groß und durch eine kontrastreiche Färbung gekennzeichnet. Ausgewachsene Tiere zeigen ein gelbes, schwarz umrandetes Feld, bei Jungtieren ist das Zentrum dagegen schwarz mit einer gelben Umrandung.
Auf der Oberseite des Kopfes und der

Tropfenschildkröte Foto: Rudolf König

Gliedmaßen zeigen sich auf grauschwarzem Untergrund einige gelbe Flecken, die Unterseite ist meist gelblichrot gefärbt. Die Männchen haben ein bräunlich gefärbtes Kinn, braune Augen, lange dicke Schwänze und einen konkaven Bauchpanzer. Das Kinn der Weibchen ist gelb, die Augen sind orange, und der Bauchpanzer ist eben, bei einigen Exemplaren sogar konvex geformt.

Haltung und Zucht: Der Gartenteich muß den besonderen Bedürfnissen dieser Art gerecht werden. Die Flachwasserzone sollte üppig mit Sumpfpflanzen bewachsen sein und selbst an der tiefsten Stelle nicht mehr als 25 cm Wasserstand aufweisen. Vom Land aus in das Wasser reichende Baumwurzeln bieten den Tieren einen bequemen Ausstieg aus dem Teich.

Auch für diese Art ist es sicherer, sie im Winter und in den Übergangsjahreszeiten im Aquaterrarium zu pflegen. Sie kann aber auch ganzjährig in einer speziell für sie hergerichteten Freilandanlage untergebracht werden. Durch Teilüberdachung und einige Wärmestrahler muß im Frühjahr und im Herbst für die notwendigen Temperaturen gesorgt werden. Da diese Art hauptsächlich in moosigen Biotopen vorkommt, sollte das Wasser eher etwas sauer sein. Einen entsprechenden Säuregehalt erreicht man mit Torfextrakten (im Aquarienhandel erhältlich) oder einer Wasserfilterung über Torf. Für die erfolgreiche Zucht ist eine kalte Überwinterung, die von den Tieren gut verkraftet wird, sehr von Vorteil. In der Natur überwintern die Tropfenschildkröten sowohl eingegraben im schlammigen Bodengrund ihrer Heimatgewässer, als auch versteckt unter verrottendem Pflanzenmaterial oder in Bisamrattenbauten am Ufer. Neben der Möglichkeit, die Tiere im Gartenteich zu belassen, bietet sich die Überwinterung im Keller bei Temperaturen von 5 bis 10°C an. Hier werden die Tiere entweder außerhalb des Wassers in feuchtes bis nasses Torfmoos (Sphagnum) gesetzt oder in einem Aquaterrarium untergebracht. Bei aus Florida stammenden Tieren ist eine Winterpause bei zirka 18°C und einer etwas kürzer geschalteten Beleuchtungsdauer ausreichend. Der Bodengrund des Wasserteils muß rauh sein (rauhe Steinplatten oder grober Kies), da diese Art bevorzugt am Boden umherwandert und auf einem Glas- oder Folienboden ausrutscht. Da die Männchen untereinander recht unverträglich sind, sollte eine Zuchtgruppe nur aus einem Männchen und mehreren Weibchen bestehen. Aus Freilandbeobachtungen weiß man, daß Paarungen im Frühjahr bei noch relativ niedrigen Wassertemperaturen (ca. zwischen 8 und

10°C) stattfinden (ERNST & BARBOUR 1972). Die Zeit der Paarungsbereitschaft im Aquaterrarium liegt meist zwischen April und Anfang Juni. Da die Weibchen hohe Ansprüche an den Eiablageplatz stellen, muß der Landteil sowohl in der Freilandanlage als auch im Aquaterrarium ein sandig-humoses, immer feucht gehaltenes Substrat aufweisen. Das Weibchen legt seine walzenförmigen, weichschaligen Eier in eine 5 bis 10 cm tiefe, selbstgegrabene Nistgrube. Die Eiablage findet in aller Regel am späten Abend statt. Schon weit im voraus wird der Boden hierfür von dem Weibchen intensiv auf Temperatur und Feuchtigkeit untersucht. Es erfolgen meist ein bis zwei Eiablagen pro Jahr, die aus zwei bis acht, gewöhnlich aber aus drei bis vier Eiern bestehen. Bei einer gleichbleibenden Temperatur von 28°C beträgt die Inkubationszeit etwa 50 Tage, und es schlüpfen nur weibliche Jungtiere. Zeitigt man die Eier bei nur 23°C, dauert die Zeitigung etwa 80 Tage, und es entwickeln sich nur Männchen.

Eiablage und Schlupf der Tropfenschildkröte.
Fotos: Henry Müller

Die geschlüpften Schildkrötenbabys, die eine Panzerlänge von 2,5 cm haben, setzt man in ein Aufzuchtaquarium, dessen Wasserstand nicht höher als zwei bis drei cm sein darf, da die Jungtiere ebenso wie die Alttiere schlechte Schwimmer sind. Die Temperatur des Aufzuchtbeckens sollte tagsüber bis zu 26°C ansteigen und nachts bis auf 20°C absinken, um den Jungtieren eine Ruhephase zu bieten. Durch konstant hohe Temperaturen werden diese nämlich stark geschwächt. Es können mehrere *Clemmys*-Babys in einem Behälter aufgezogen werden.

Futter: Die Babys benötigen abwechselungsreiches Lebendfutter wie Regenwürmer, Bachflohkrebse, Schnecken, Mükkenlarven, Tubifex und ähnliches. Herr Henry MÜLLER (mündl. Mitt.) zieht seine zahlreichen Jungtiere ohne Probleme mit Tatar groß, in das er reichlich Vitakalk einknetet. Während die Jungtiere pflanzliche Nahrung verschmähen, nehmen die erwachsenen Schildkröten gerne Grünfutter (Salat, Löwenzahn, Wasserpflanzen und ähnliches) sowie reifes Obst (z. B. Bananen) zu sich. Um ein unnötiges Verschmutzen des Wasserteils zu verhindern, sollte nur soviel Futter gegeben werden, daß es von den Sumpfschildkröten innerhalb weniger Minuten verzehrt werden kann.

Waldbachschildkröte

***Clemmys insculpta* (Le Conte, 1829)** Abb. S. 33, 34, 40, **56**

Verbreitung: Das Verbreitungsgebiet dieser Art erstreckt sich ganz grob etwa von Neu-Schottland und Neu-England südwärts bis nach Virginia und westwärts durch den Süden von Ontario bis nach Wisconsin und Nordost-Iowa.

Lebensraum: Die Waldbachschildkröte stellt keine besonderen Anforderungen an ihren Lebensraum. Innerhalb ihres Verbreitungsgebietes findet man sie in Sümpfen, Bächen, Flüssen, Teichen und Seen. Zeitweise führt sie, ähnlich wie die Dosenschildkröten der Gattung *Terrapene*, eine recht terrestrische Lebensweise in Laubwäldern und auf Feuchtwiesen. Es ist bekannt, daß *Clemmys insculpta* sehr gerne weiträumig umherwandert und aufgrund ihres guten Orientierungsvermögens ohne Probleme wieder zu ihrem ursprünglichen Teich zurückfindet. In ihrem natürlichen Lebensraum überwintert die Waldbachschildkröte entweder in feuchten, mit abgestorbenen Pflanzenresten gefüllten Erdlöchern, in unterspülten Uferböschungen oder eingegraben im schlammigen Bodengrund der Gewässer.

Beschreibung: Mit einer Panzerlänge bis zu 23 cm ist die Waldbachschildkröte die größte bekannte *Clemmys*-Art. Der Rük kenpanzer ist dunkelbraun, hat in der Mitte einen höckerförmigen Längskiel und hinten stark gesägte Randschilder. Die rauhe Oberflächenstruktur entsteht durch konzentrisch und strahlenförmig angeordnete Furchen auf den Rückenschildern. Auf jedem Schild des gelben Bauchpanzers befindet sich an der äußersten hinteren Ecke ein dunkler, unregelmäßiger Fleck. Während die Oberseite des Kopfes und der Gliedmaßen dunkel olivbraun bis schwarz gefärbt ist, weist deren Unterseite eine orangerote Zeichnung auf. Zwischen den in kräftigen Krallen endenden Zehen befinden sich nur schwach entwickelte Schwimmhäute.

Die Männchen besitzen längere und kräftigere Vorderkrallen, und auch die Schuppen an den Vorderbeinen sind größer als die der Weibchen. Weitere sichere Geschlechtsunterschiede stellen der konkav geformte Bauchpanzer und der längere und dickere Schwanz der Männchen dar.

Jungtiere der Waldbachschildkröte sind meist graubraun und zeigen weder am Hals noch an den Gliedmaßen farbige Pigmente. Lediglich der schwarze Bauchpanzer weist einige orangerote Flecken auf. Der kiellose Rückenpanzer der Jungtiere ist flach und fast genauso breit wie lang. Auch die Länge des Schwanzes entspricht ungefähr der Carapaxlänge von 35 mm.

Haltung und Zucht: Das Klima in dem natürlichen Verbreitungsgebiet der Waldbachschildkröte ist unserem mitteleuropäischen recht ähnlich. Daher eignet sich diese Art auch hervorragend für eine ganzjährige Freilandhaltung. Den Schildkröten sollte nur die Möglichkeit geboten werden, sich einen geeigneten Überwinterungsplatz auszusuchen. Die Teichanlage muß daher mindestens einen Meter tief sein und einen lehmigen, zirka 20 bis 30 cm hohen Bodengrund haben, in den sich die Schildkröten im späten Herbst vergraben können.

Das den Teich umgebende Erdreich sollte stets feucht, möglichst humusreich und von recht lockerer Konsistenz sein, damit sich einzelne Tiere gegebenenfalls dort vergraben können. Diese Erdschicht muß natürlich ausreichend tief und zudem teilweise bewachsen sein. Die Teichanlage sollte mit einer glattwandigen, stabilen, tief in den Bodengrund reichenden Umzäunung gesichert sein. Nachdem sie ihre anfängliche Scheu verloren haben, werden die hauptsächlich tagaktiven Sumpfschildkröten zu sehr zahmen Teichbewohnern, die sich ungestört beobachten lassen. Gerade dieses Verhalten macht sie zu einer besonders beliebten Schildkrötenart.

Den hauptsächlich im Frühjahr stattfindenden Paarungen geht ein interessantes, im folgenden näher beschriebenes Balzverhalten voraus: Männchen und Weibchen nähern sich einander, indem sie mit ausgestrecktem Hals und erhobenem Kopf aufeinander zuschwimmen. Der Kopf wird erst wieder gesenkt, wenn sie etwa bis auf 20 cm aneinander herangekommen sind. Dann bewegen sie den Kopf pendelartig von einer Seite zur anderen. Dieses Balzverhalten kann sich über einen längeren Zeitraum, manchmal sogar über mehr als zwei Stunden hinziehen. Bei der anschließenden, immer unter Wasser stattfindenden Paarung umklammert das Männchen mit den Vorder- und Hinterbeinen den Panzer des Weibchens.

Die Zeit der Eiablage beginnt ab Ende Mai und kann bis Anfang Juli andauern. In dieser Zeit legen die Weibchen die weißlichen, walzenförmigen und weichschaligen Eier in ein etwa 10 cm tiefes, selbstgegrabenes Loch. Ein Gelege kann aus 4 bis 18 Eiern bestehen, meist sind es jedoch sieben oder acht. Bei einer Zeitigungstemperatur von 25 bis 28°C schlüpfen die Babys nach 65 bis 80 Tagen.

Die Aufzucht der Jungtiere sollte in einem Aquaterrarium erfolgen, dessen Landteil genausogroß ist wie der Wasserteil. Der Wasserstand sollte eine Tiefe von fünf Zentimetern aufweisen. Die Luft- und Wassertemperaturen können tagsüber zwischen 22 bis 26°C schwanken, wobei eine leichte Nachtabsenkung empfehlenswert ist. Von äußerster Notwendigkeit ist es, die Waldbachschildkrötenbabys bereits in ihrem ersten Winter kalt zu überwintern. Eine Nichteinhaltung dieser Kältephase führt zur Schwächung und später zum Tod der Jungtiere. Dazu müssen sie in einen Behälter mit feuchtem Substrat wie Torfmoos (Sphagnum) und lockerem humosen Erdboden gesetzt werden, wo sie sich leicht eingraben können. Eine vier- bis sechswöchige Überwinterung bei Temperaturen von fünf bis sieben Grad ist völlig ausreichend. Auch ein Kühlschrank stellt eine ideale Überwinterungsmöglichkeit dar.

Futter: In ihrem natürlichen Verbreitungsgebiet ist *Clemmys insculpta* ein Allesfresser, was sie zu einem unproblematischen Pflegling im Freilandgehege macht. Es wird ein weites Spektrum an tierischer und auch pflanzlicher Nahrung angenommen. Im Gegensatz zu den meisten anderen Wasserschildkrötenarten verzehrt die Waldbachschildkröte ihre Nahrung nicht nur im Wasser, sondern auch auf dem Land. Das Füttern der Babys sollte unter allen Umständen nur mit Lebendfutter wie roten und schwarzen Mückenlarven und Regenwürmern erfolgen.

Pazifik-Wasserschildkröte

Clemmys marmorata (Baird & Girard, 1852)

Verbreitung: Das Verbreitungsgebiet dieser Art erstreckt sich entlang der Pazifikküste von British Columbia ausgehend südwärts bis zur San Francisco Bay. Ferner existieren isolierte Populationen im Westen von Nevada. Es wird neben der Nominatform *Clemmys marmorata marmorata* (Baird & Girard, 1852) noch die Unterart *Clemmys marmorata pallida* (Seeliger, 1945) anerkannt. Aufgrund des in ihrem natürlichen Lebensraum herrschenden Klimas eignet sich nur die Nominatform für die Pflege im Gartenteich.

Lebensraum: Diese Sumpfschildkröte ist die am stärksten aquatisch lebende Art der Gattung *Clemmys*. Sie verläßt ihren Teich nur zum Sonnenbaden und zur Eiablage. *Clemmys marmorata* bewohnt Teiche, Sümpfe, schwach fließende Flüsse und Bewässerungskanäle mit steinigem oder schlammigem Bodengrund und üppiger aquatischer Vegetation. Sie wird sowohl im Brackwasser der Küstenregion als auch in klaren, schneller fließenden Flüssen in Höhen bis zu 1800 m gefunden.

Beschreibung: Der Rückenpanzer der Pazifik-Wasserschildkröte hat eine flache Form und kann eine Länge von 19 cm erreichen. Die Färbung ist individuell unterschiedlich von dunkelolivgrün über dunkelbraun bis fast schwarz. Von den Zentren der Rückenschilder ausgehend, zeigen sie meist strahlenförmig angeordnete Flecken oder Linien, die aber bei einigen Tieren auch fehlen können. Der kurze und breite Rückenpanzer ist glatt und ungekielt, die hinteren Randschilder sind nicht gesägt. Die Unterseiten der Randschilder und die Brücke weisen unregelmäßige dunkle Linien oder Flecken entlang der Nähte auf. Der blaßgelbe Bauchpanzer ist bei einigen Tieren mit einem mehr oder weniger stark ausgeprägten, ungleichmäßigen Muster dunkler Flecken versehen. Am Kopf, der dunkelgrau oder olivgrün gefärbt ist, befinden sich zahlreiche schwarze Flecken, die auch als netzförmiges Muster erscheinen können. Die Kiefer und die Kehle sind blaßgelb und stellen ein wichtiges Unterscheidungsmerkmal zu *Clemmys marmorata pallida* dar, bei der sowohl der Kopf als auch Kiefer und Kehle nur einfarbig braun gefärbt sind. Die Haut der Gliedmaßen ist einfarbig grau, wobei sich vereinzelte hellgelbe Flecken auf dem Hals, den Vorderbeinen und dem Schwanz befinden können.

Haltung und Zucht: Die Pazifik-Wasserschildkröte ist eine sehr wachsame und scheue Sumpfschildkrötenart. Fühlt sie sich zum Beispiel beim Sonnenbaden bedroht, so flüchtet sie sofort ins Wasser und taucht ab. Bei der Einrichtung und Planung des Gartenteiches sollte die stark an das Wasser gebundene Lebensweise und Scheu der Tiere berücksichtigt werden. Der Wasserteil muß eine Tiefe von mindestens 60 cm aufweisen, wenn die Schildkröten im Haus überwintert werden, und eine Tiefe von mindestens einem Meter, wenn sie ganzjährig im Garten bleiben sollen. Wichtig sind auch zahlreiche Versteckmöglichkeiten, zum Beispiel durch eine üppige Teichbepflanzung und im

Wasser umhertreibende oder befestigte Wurzeln oder Baumstämme.
An die Temperatur stellt diese Art keine besonderen Ansprüche, selbst bei niedrigen Werten ist sie noch recht aktiv, so daß auch keine Vorkehrungen für die Übergangsjahreszeiten erforderlich sind.
In ihren Herkunftsländern erfolgt die Eiablage in den Monaten April bis August, hauptsächlich aber von Juni bis Mitte Juli. Zur Eiablage sucht das Pazifik-Wasserschildkrötenweibchen einen geeigneten Nistplatz an den Uferrändern. Dies erfolgt gewöhnlich in den Morgenstunden an einer freien Stelle am Südufer.
Die Gelegegröße variiert zwischen 3 und 11 Eiern. Zur Inkubation gut geeignet ist die Zeitigung auf einem Gittersieb, das sich über einem auf 30°C erwärmten Wasserbad befindet (Brutkastenmodell von BRÖER & HORN 1979). Die Lufttemperatur sollte zwischen 25 und 30°C schwanken. Unter diesen Bedingungen schlüpfen die Jungtiere nach 73 bis 80 Tagen.
Werden die hartschaligen Eier auf nassem oder feuchtem Substrat (zum Beispiel Vermiculite oder Perlite) gezeitigt, so reißen sie schon in einem frühen Entwicklungsstadium auf. Anscheinend absorbieren sie mehr Wasser als sie eigentlich aufnehmen können. Dieses ergibt während der heißen und trockenen Sommer in ihrem natürlichen Verbreitungsgebiet auch einen Sinn. Denn die Eier müssen aus der trockenen Umgebung genügend Wasser absorbieren, damit am Ende der Entwicklung das Ei aufgrund eines inneren Überdrucks zerplatzen kann. Dieser Mechanismus steht im Gegensatz zu dem der meisten Wasser- und Sumpfschildkröten, deren Eier sich im feuchten Substrat völlig normal entwickeln. Diese Arten stammen jedoch immer aus Gebieten mit einem höheren sommerlichen Niederschlag, so daß die Gelege nicht alles Wasser aufnehmen müssen, das sich in dem umgebenden Substrat befindet.

Pazifik-Wasserschildkröte, ***Clemmys marmorata marmorata.*** Foto: Matthias Schmidt

Wichtig zu wissen ist, daß die Schlüpflinge ihre Eier nicht verlassen, wenn die Temperaturen 27°C überschreiten. Bei einer kühleren Umgebungstemperatur schlüpfen sie innerhalb von zwei bis drei Stunden aus dem Ei. Dies ist möglicherweise eine Anpassung an das extreme Sommerklima, weil die Babys, wären sie der heißen Sommersonne ausgeliefert, sehr schnell austrocknen und sterben würden.
Futter: Die Pazifik-Wasserschildkröte ist ein Allesfresser, zeigt aber eine ausgeprägte Vorliebe für tierische Kost. In ihrem natürlichen Habitat ernährt sie sich von den Fruchtständen einer gelben Wasserrose (*Nuphar polysepalum*), Wasserinsekten, Fischen, Würmern, Krustentieren und Aas.

Gattung: *Emydoidea*

Die einzige rezente Art der Gattung *Emydoidea* (Gray, 1870) ist *Emydoidea blandingii.* Sie kommt nur in Nordamerika vor.

Amerikanische Sumpfschildkröte

***Emydoidea blandingii* (Holbrook, 1838)** Abb. S. 40, **58**

Verbreitung: Das Verbreitungsgebiet der Amerikanischen Sumpfschildkröte erstreckt sich vom Süden Ontarios aus südwärts bis nach West-Nebraska, Iowa und Missouri. Isolierte Populationen existieren in den Bundesstaaten New York, Massachusetts, New Hampshire, Maine und Neu-Schottland.

Lebensraum: Obwohl die Amerikanische Sumpfschildkröte oft über Land wandert, bevorzugt sie den Aufenthalt in flachen und stillen Gewässern mit weichem Bodengrund und üppiger aquatischer Vegetation. Man findet die Tiere in Seen, Tümpeln, Bächen und Sumpflandschaften.

Beschreibung: *Emydoidea blandingii* ist eine mittelgroße Sumpfschildkröte mit einer maximalen Panzerlänge von 26 cm. Der längliche Rückenpanzer hat eine glatte Oberfläche und ist weder gekielt, noch weist er gesägte Randschilder auf.

Insgesamt sieht die Amerikanische Sumpfschildkröte der Europäischen Sumpfschildkröte (*Emys orbicularis*) sehr ähnlich, hat aber einen höher gewölbten Rükkenpanzer. Auf der blauschwarzen Grundfarbe des Panzers zeigen sich gelbliche Flecken und Punkte, deren Anzahl besonders auf den Randschildern zunimmt. Der Bauchpanzer ist gelb mit großen, dunklen, gleichmäßig angeordneten Flecken, die bei einigen Exemplaren so groß sein können, daß sie die gelbe Grundfarbe fast ganz verdecken. Zwischen den Brust- und Bauchschildern befindet sich ein bewegliches Scharnier.

Die Oberseite und die Flanken des Kopfes

Die Amerikanische Sumpfschildkröte bevorzugt stark verkrautete Gewässer.

Foto: Wolfgang Hemmer

sind blaugrau und mit einer bräunlichen Netzzeichnung versehen. Das Kinn und die Kehle sind leuchtend gelb gefärbt, während der Unterkiefer meist eine dunkle Streifenzeichnung aufweist. Die übrige Haut ist blaugrau und zeigt einige gelbe Schuppen auf dem Schwanz und an den Beinen. Zwischen den Zehen befinden sich gut ausgebildete Schwimmhäute.

Der Geschlechtsdimorphismus ist nicht besonders ausgeprägt. Die Analöffnung liegt bei den Weibchen näher am Panzerrand als bei den Männchen. Außerdem ist der Bauchpanzer der Männchen leicht konkav gewölbt.

Haltung und Zucht: Obwohl die Amerikanische Sumpfschildkröte relativ selten in Europa gepflegt wird, eignet sie sich hervorragend für die Freilandhaltung im Gartenteich. Temperaturen um 20 bis 22°C sind für ihre Aktivitätsphasen ausreichend. Einige Tiere wurden sogar schwimmend unter einer Eisdecke beobachtet.

Trotzdem reagiert die Amerikanische Sumpfschildkröte etwas empfindlicher als vergleichbare Sumpfschildkrötenarten. Unsere Sommer sind offensichtlich zu kurz, als daß sich die Tiere für die Winterruhe genügend stärken könnten (mündl. Mitt. W. HEMMER). Daher muß der Sommer künstlich verlängert werden, indem man der Art eine besondere Freilandanlage bietet. Ein Teil des Teiches und des Landteils wird überdacht, zusätzlich wird auf dem Landteil ein Strahler installiert, der den Schildkröten auch an stark bewölkten Tagen die Möglichkeit bietet, sich auf ihre Vorzugstemperatur aufzuwärmen. Ist es nicht möglich, den Tieren auf diese Weise den Sommer zu verlängern, sollten sie schon während der Übergangsjahreszeiten in einem Aquaterrarium im Zimmer gepflegt werden. Um kein weiteres Risiko einzugehen, werden die Schildkröten für etwa zwei bis drei Monate im Keller überwintert.

Über Nachzuchten in Europa ist bislang noch nicht sehr viel bekannt, in Nordamerika hingegen ist sie schon häufiger nachgezogen worden. Das Paarungsverhalten findet im Frühjahr und Frühsommer statt. Hierbei drängen die Männchen die Weibchen auf den Bodengrund des Gewässers und verpaaren sich dort. Dabei halten sie sich am Panzer des Weibchens mit Hilfe aller vier Füße fest, um dann die Schwänze zur Kopulation zusammenzubringen.

Von Juni bis Juli werden mehrere meist 6 bis 17 Eier umfassende Gelege abgesetzt. Die Eier sind elliptisch und haben eine pergamentartige Hülle. Nach einer Inkubationszeit von 65 bis 80 Tagen verlassen die Jungtiere die Eier. Wie auch bei einigen anderen Schildkrötenarten aus gemäßigten Klimazonen, können die Embryonen von *Emydoidea blandingii* unter Umständen im Ei überwintern, so daß sie in diesem Falle erst im Frühjahr des folgenden Jahres schlüpfen. Der runde, gekielte Rückenpanzer der Schlüpflinge ist dunkelbraun bis schwarz und 29 bis 37 mm lang. Der Bauchpanzer hat einen großen in der Mitte liegenden Fleck, und die Scharniere werden schon durch eine Falte angedeutet.

Futter: In ihrem natürlichen Lebensraum ernährt sich die Amerikanische Sumpfschildkröte von Krustentieren, Fröschen, Kaulquappen, Fischen, Schnecken, Blutegeln, Insekten und verschiedenen Wasserpflanzen.

Gattung: *Emys*

Mit der einzigen Art, *Emys orbicularis,* bildet *Emys* (Duméril, 1806) eine monotypische Gattung innerhalb der Familie der Sumpfschildkröten. Nach FRITZ sind bereits mehrere Unterarten beschrieben, doch ist davon auszugehen, daß weitere folgen.

Europäische Sumpfschildkröte

***Emys orbicularis* (Linnaeus, 1758)** Abb. S. **20**, 26

Verbreitung:

Emys orbicularis orbicularis (Linnaeus, 1758), Europäische Sumpfschildkröte
Das Verbreitungsgebiet der Europäischen Sumpfschildkröte reicht von Mittelfrankreich, Ostdeutschland und Polen über Weißrußland, die Ukraine und Rußland bis zum Aralsee. Weiterhin lebt die Unterart in der Osttürkei und in Syrien. Es wird angenommen, daß es sich bei einigen in Deutschland vorkommenden Populationen entweder um eingeführte Exemplare handelt oder um ursprüngliche Restpopulationen. Aufgrund fossiler Funde in Schweden, Dänemark, Holland und England weiß man, daß das ursprüngliche Verbreitungsgebiet innerhalb Europas viel größer gewesen ist.

Emys orbicularis hellemica (Valenciennes, 1832), Ostmediterrane Sumpfschildkröte
Das Vorkommen dieser Unterart erstreckt sich von Istrien, Dalmatien, entlang der Küstengebiete Albaniens bis nach Griechenland und zur türkischen Westküste. Beide Unterarten überschneiden sich in ihren Verbreitungsgebieten, so daß sich Mischformen gebildet haben, unter anderem im Donauraum, in Mazedonien, in Bulgarien, der Po-Ebene, der griechischen Ägäis und der türkischen Schwarzmeerküste.

Emys orbicularis fritzjürgenobsti (Fritz, 1993), Ostspanische Sumpfschildkröte
Die Unterart ist bisher nur von der ostspanischen Mittelmeerküste bekannt.

Emys orbicularis occidentalis (Fritz, 1993), Westliche Sumpfschildkröte
Das Verbreitungsgebiet dieser Unterart erstreckt sich über weite Teile Portugals und Nordafrikas: genauer Marokko, Algerien sowie Tunesien.

Emys orbicularis luteofusca (Fritz, 1989)
Diese farblich besonders auffällige Form ist ausschließlich in der Türkei beheimatet. Man findet sie hier in der See-Ebene westlich der Stadt Eregli in der Provinz Konya.

Lebensraum: Aufgrund ihres Verbreitungsgebietes erkennt man unschwer, daß *Emys orbicularis* die einzige Schildkrötenart ist, die in eigentlich für diese Tierordnung eher untypische nördliche Klimazonen Europas vordringt. Aus diesem Grund ist sie ebenfalls geradezu prädestiniert für die ganzjährige Pflege in einem Gartenteich.
Sie bewohnt die unterschiedlichsten Gewässerformen wie Sumpflandschaften, größere und kleinere Seen, Tümpel, Bäche, Flüsse, Kanäle, Drainage- sowie künstliche Be- und Entwässerungsgräben. In einigen Verbreitungsgebieten findet man sie sogar in Brackwasserzonen.
Die Europäische Sumpfschildkröte bevorzugt schwach fließende Gewässer mit weichem Bodengrund und üppiger Vegetation sowohl im Wasser als auch an den Uferrändern.
Beschreibung: Das äußere Erscheinungsbild von *Emys orbicularis* kann aufgrund der weiträumigen und unterschiedlichen Verbreitungsgebiete stark variieren. Die Europäische Sumpfschildkröte hat einen ovalen, nur schwach gewölbten Rückenpanzer, der eine Länge von 15 bis 25 cm erreichen kann. Verschiedentlich wurden auch schon Exemplare mit 30 cm Panzerlänge gefunden. Diese Tiere stammen jedoch alle aus Südkaspien (Iran). Der bei den Jungtieren stark ausgeprägte Rückenkiel nimmt mit fortschreitendem Alter ab und ist bei Alttieren gar nicht mehr zu finden. Die Färbung des Carapax reicht von gelbbraun und olivbraun über braun bis schwarz und weist eine Zeichnung mit vielzähligen strahlenförmigen Linien oder Punkten auf.
Der Bauchpanzer ist groß und hat zwischen Brust und Bauchschild ein bewegliches Scharnier, das bei Jungtieren flexibler als bei den Alttieren ist. Die Farbe variiert von einfarbig schwarz oder dunkelbraun bis gelblich, wobei jedes Schild schwarz umrandet ist.

Europäische Sumpfschildkröte
Foto: Wolfgang Hemmer

Die Grundfarbe von Kopf und Gliedmaßen ist schwarz und mit einer gelben, mehr oder weniger strahlenförmig verlaufenden Punktzeichnung versehen. Der Schwanz ist sehr lang, zwischen den Zehen befinden sich gut entwickelte Schwimmhäute.
Die Männchen haben oft rötliche Augen, einen konkaven Bauchpanzer sowie längere und dickere Schwänze als die Weibchen. Die Augenfarbe der Weibchen ist gelb.
Haltung und Zucht: Es gibt wohl keine

andere Sumpfschildkrötenart, die besser für die Freilandhaltung in Mitteleuropa geeignet ist als *Emys orbicularis.* Dies wird bestätigt durch zahlreiche aus Deutschland stammende Haltungs- und Zuchtberichte. Entscheidet man sich für die Pflege der Europäischen Sumpfschildkröte, so gibt es einiges bei der Planung der Freilandanlage zu beachten.

Durch die ganzjährige Haltung im Freiland bietet man den Tieren den Jahresrhythmus, der für die anzustrebende Zucht notwendig ist. Der Wasserteil muß an einer Stelle eine Tiefe von mindestens einem Meter aufweisen, da die Europäische Sumpfschildkröte ihre Winterruhe für gewöhnlich im Wasser auf dem Bodengrund schlafend hält und der Teich auf keinen Fall bis dorthin durchfrieren darf. Es ist wichtig, darauf zu achten, daß sich keine zu hohe Schicht aus Pflanzenresten oder ähnlichen organischen Substanzen auf dem Bodengrund des Teiches befindet, da die bakterielle Zersetzung dem Wasser den Sauerstoff entzieht, den die Sumpfschildkröten während der Überwinterung zum Überleben benötigen.

Der Teich, die Uferzonen und der Landteil sollten eine üppige, schützende Vegetation aufweisen, die aber keinesfalls so dicht sein darf, daß sie die wärmende Kraft der Sonne abfängt.

Der Einfriedung muß besondere Auf merksamkeit geschenkt werden, da *Emys orbicularis* ein guter Kletterer ist und häufig Ausbruchsversuche unternimmt. Ideal ist eine glattwandige Umzäunung (Plastik- oder Betonwand), da zum Beispiel feinmaschiger Draht mühelos von den Tieren kletternd überwunden wird.

Für eine Zuchtgruppe von zwei Männchen und mehreren Weibchen sollte die Wasserfläche etwa 8-10 m² betragen. Nach der von Anfang November bis Ende März andauernden Winterruhe setzen mit Anstieg der Temperaturen die Paarungsaktivitäten ein. Die Hauptpaarungszeit liegt im April und Mai, wobei verschiedentlich auch noch Paarungen im Herbst (September/ Oktober) beobachtet wurden.

Einige Wochen nach erfolgreicher Kopulation wird das Weibchen unruhig und wandert verstärkt an Land umher. Dies ist die Zeit, während der man die Weibchen besonders aufmerksam beobachten muß, da sie die Gelege so geschickt verscharren, daß sie nur schwer zu finden sind. Nach der Eiablage werden die Eier vorsichtig entnommen und in der Lage, in der man sie findet, in ein leicht feuchtes Substrat (z. B. Vermiculite oder Perlite) gebettet. Die Art produziert nur ein Gelege im Jahr, das aus 3 bis 16 Eiern, durchschnittlich etwa aus 9 bis 10 Eiern besteht. Sie sind weiß, elliptisch geformt und haben eine geschmeidige, ledrige Schale.

Bei einer Zeitigungstemperatur von 24 bis 28°C schlüpfen nur Männchen, bei 30°C schlüpfen ausschließlich Weibchen. Je nach Temperatur beginnt der Schlupf der Schildkrötenbabys nach 60 bis 80 Tagen. Die kleinen Sumpfschildkröten haben eine Panzerlänge von 20 bis 25 mm. Auch bei den Schlüpflingen der Europäischen Sumpfschildkröte ist der Bauchpanzer noch nicht vollständig geschlossen, und Reste des Dottersacks können noch vorhanden sein. Um Infektionen zu vermeiden, ist es daher wichtig, die Schildkrötenbabys die erste Woche unter sterilen Bedingungen zu halten. Hierfür setzt man die Tiere einzeln in kleine Glas- oder Kunst-

stoffbecken. Damit der Nachwuchs weder ertrinken noch vertrocknen kann, wird der Wasserstand bei wenigen Millimetern gehalten. Der Aufzuchtbehälter für die kommenden Wochen sollte groß genug für mehrere Jungtiere sein, da sich Futterneid besonders vorteilhaft auf die Nahrungsaufnahme der Schildkrötenbabys auswirkt. Wichtig ist ein Landteil im Aufzuchtbecken, der mit einem Strahler tagsüber lokal auf 30 bis 35°C aufgeheizt wird. Die Wassertemperatur sollte tagsüber bis auf 26°C ansteigen und in der Nacht bis auf 20°C absinken.
Auch den Jungtieren bekommt ein Freilandaufenthalt mit natürlicher Sonneneinstrahlung sehr gut. Zu berücksichtigen ist, daß sich ein kleiner Wasserteil schnell aufheizen kann und die Gefahr der Überhitzung besteht. Im Zweifel müssen die Kinderstuben leicht abgeschattet werden.
Auch den Jungtieren wird im Winter eine Ruhephase von vier bis sechs Wochen geboten. Die Überwinterung der Babys kann ähnlich der von *Clemmys insculpta* erfolgen.

Der Größenvergleich zeigt, wie klein die Europäischen Sumpfschildkröten nach dem Schlupf sind. Dementsprechend sollte der Wasserstand in den Aufzuchtbehältern nur wenige Millimeter betragen. Foto: Wolfgang Hemmer

Futter: Besonders wichtig ist es, gerade den Jungtieren abwechslungsreiches und mit Vitamin- und Kalkgaben versehenes Futter anzubieten. Die kleinen Fleischfresser verzehren bevorzugt Mückenlarven, Bachflohkrebse, Tubifex, Regenwürmer, Rindfleisch und Fischstückchen. Auch die Alttiere ernähren sich hauptsächlich carnivor.

Gattung: *Graptemys*

Die zur Familie der Sumpfschildkröten gehörende Gattung *Graptemys* (Agassiz, 1857) umfaßt insgesamt 10 Arten. Alle Arten kommen im Osten der USA und im Südosten Kanadas vor.
Nachfolgend wird *Graptemys pseudogeographica* näher beschrieben, da diese Art aufgrund ihres Verbreitungsgebietes für die Haltung im Gartenteich geeignet und durch regelmäßige Nachzuchten auch gut erhältlich ist. Andere Arten und Unterarten dieser Gattung eignen sich zwar auch zur Pflege im Gartenteich, doch sind sie so gut wie nicht zu bekommen.

Falsche Landkarten-Höckerschildkröte

Graptemys pseudogeographica pseudogeographica **(Gray, 1831)** Abb. S. **57**

Verbreitung: Die Falsche Landkarten-Höckerschildkröte bewohnt die Gebiete entlang des Mississippi von West-Wisconsin und Nordost-Iowa südwärts bis nach West-Kentucky und Nord-Arkansas, wo sich das Verbreitungsgebiet mit dem der Unterart *Graptemys pseudogeographica kohnii* überschneidet.
Die westlichen Grenzen ihres Verbreitungsgebietes liegen im Osten von Nebraska, im Südosten von Kansas und Zentral-Oklahoma.
Lebensraum: Die Lebensweise der Falschen Landkarten-Höckerschildkröte ist sehr stark an das Wasser gebunden. Sie bevorzugt stehende oder schwach fließende Gewässer mit üppiger aquatischer Vegetation. Das Wasser verläßt sie nur, um sich ausgiebig zu sonnen. Hohe Ansprüche an die Temperaturen stellt sie nicht, so daß man sie in unseren mitteleuropäischen Sommern selbst bei Schlechtwetterphasen gut im Freilandteich pflegen kann.
Beschreibung: Der Rückenpanzer der Weibchen kann eine Länge von 24 cm erreichen, die Männchen bleiben mit einer Länge von nur 15 cm deutlich kleiner. Die feine helle Netzzeichnung auf olivfarbenem bis bräunlichem Untergrund verliert sich im Alter. Auf der Mitte des Rückenpanzers verläuft ein Längskiel mit nach hinten gerichteten Höckern, die den Trivialnamen „Höckerschildkröte" begründen. Die hinteren Randschilder sind stark gesägt.
Der Bauchpanzer ist gelb, mit oder ohne dunkle Flecken, die oft von der Mitte ausgehend entlang der Nähte der Bauchschilder verlaufen. Diese Zeichnung ist bei Jungtieren stark ausgeprägt. Kopf und Gliedmaßen sind dunkelgraugrün gefärbt und mit gelblichen Streifen versehen. Anhand der Kopfzeichnung kann man die Nominatform von der Unterart *Graptemys pseudogeographica kohnii* gut unterscheiden. Während der gelbe Streifen bei *Graptemys pseudogeographica kohnii* halbmondförmig das Auge umgibt, ist dieser Streifen bei *Graptemys pseudogeographica pseudogeographica* auf der Kopfoberseite breiter und endet in Höhe des Auges. Die Zehen sind durch gut entwickelte Schwimmhäute verbunden und enden in spitzen, scharfen Krallen.
Haltung und Zucht: Die Falsche Landkarten-Höckerschildkröte ist ein sehr guter Schwimmer mit ausgeprägtem Bewegungsdrang. Um den Ansprüchen dieser Art gerecht zu werden, sollte der Teich eine Tiefe von über einem Meter und, je nach Besatz, eine Grundfläche von mindestens 6 bis 8 m² haben. Eine üppige aquati-

Graptemys p. kohnii. Foto: Matthias Schmidt

sche Vegetation und versteckt liegende Sonnenplätze werden dem anfänglich sehr scheuen Verhalten der Tiere gerecht.
Die oft in der Literatur erwähnte Meinung, daß die Schildkröten eine bleibende Scheu behalten, kann an dieser Stelle nicht geteilt werden. Die Tiere gewöhnen sich nach einiger Zeit gut an den Menschen und betteln oft pausenlos nach Futter. Hierzu ist jedoch ein häufiger Kontakt zwischen Mensch und Tier notwendig, so daß sich die natürliche Scheu der Tiere verliert.
Auch die Falsche Landkarten-Höckerschildkröte ist, wie andere *Graptemys*-Arten, schon häufig erfolgreich nachgezogen worden. In den Monaten Mai bis Juli legt das Weibchen ein 9 bis 10 Eier umfassendes Gelege ab. Die Eier sind weiß, elliptisch und haben eine ledrige Schale. Bei einer Zeitigungstemperatur von 25°C schlüpfen nur Männchen, bei Temperaturen von 35°C schlüpfen ausschließlich Weibchen. Die nach 60 bis 70 Tagen schlüpfenden Jungtiere haben eine Rükkenpanzerlänge von 25 bis 33 mm.
Die Aufzucht erfolgt im Aufzuchtbecken bei einer Wassertemperatur um 26°C, wobei über dem Landteil ein Wärmestrahler angebracht ist, der Lokaltemperaturen von 30 bis 35°C erzeugt. Nachts darf die Temperatur insgesamt etwas sinken.
Die Winterruhe sollte kontrolliert in einem Aquaterrarium im Keller erfolgen.
Futter: *Graptemys pseudogeographica* bevorzugt tierische Nahrung und nimmt nur gelegentlich auch Obst zu sich (Melone oder Banane).

Die Falsche Landkarten-Höckerschildkröte wurde schon häufig nachgezogen. Foto: Matthias Schmidt

Gattung: *Kinosternon*

Die zur Familie der Schlammschildkröten *(*Kinosternidae*)* gehörende Gattung *Kinosternon* (Spix, 1824) umfaßt 19 Arten. Die Moschusschildkröten, die früher eine eigenständige Gattung bildeten *(Sternotherus),* sind nach der neuesten Systematik von IVERSON & COLLEGE (1992) der Gattung *Kinosternon* zugeordnet worden. Die Verbreitung der Schlammschildkröten beschränkt sich auf Amerika. Für die Freilandhaltung im Gartenteich eignen sich die nördlichen Formen von *Kinosternon odoratum.*

Gewöhnliche Moschusschildkröte

***Kinosternon odoratum* (Latreille, 1801),** (früher: *Sternotherus odoratus)*

Verbreitung: Das Verbreitungsgebiet dieser kleinen, interessanten Schildkröte reicht von Neu-England und Süd-Ontario südwärts bis nach Florida und westwärts bis nach Wisconsin beziehungsweise Zentral-Texas. Weitere vereinzelte Populationen findet man im Süden von Kansas, in West-Texas und in Chihuahua (Mexiko).

Lebensraum: Die Gewöhnliche Moschusschildkröte findet man in allen Gewässerformen, die eine geringe Strömung und einen weichen Bodengrund aufweisen. Ansonsten stellt diese Art keine besonderen Ansprüche an ihren Lebensraum.

Im nördlichen Teil ihres Verbreitungsgebietes überwintert *Kinosternon odoratum* vergraben im Schlamm bei flachem Wasserstand, so daß sie die Möglichkeit hat, von Zeit zu Zeit durch bloßes Ausstrecken des Halses Luft zu holen. Auch überwintern die Schildkröten außerhalb des Wassers unter nassen oder feuchten Ansammlungen von Blättern, Zweigen, Müll, Geröll und ähnlichem. Erst wenn die Temperaturen auf unter 10°C abfallen, gräbt sich *Kinosternon odoratum* in den schlammigen Bodengrund ein.

Insgesamt lebt die Moschusschildkröte sehr aquatisch und verläßt das Wasser nur zur Eiablage. In der Sonne sieht man sie nur selten. Die Art gilt vorwiegend als dämmerungs- bzw. nachtaktiv.

Beschreibung: Der stark gewölbte Rükkenpanzer kann, je nachdem aus welchem Verbreitungsgebiet die Tiere stammen, eine Länge von 9 bis 14 cm erreichen. Die bei den Jungtieren gut erkennbaren Rükkenkiele verschwinden mit zunehmendem Alter, so daß sie bei den erwachsenen Moschusschildkröten nicht mehr zu erkennen sind. Der bei Alttieren glatte, einfarbig dunkelgraue Rückenpanzer trägt bei den Jungtieren einen hellen Fleck auf jedem Rückenschild. Der Bauchpanzer ist relativ klein und meist einfarbig gelb bis graubraun. Die einzelnen Schilder des Bauchpanzers sind von breiten, grauen Nähten umsäumt.

Mit weit aufgerissenem Maul droht die frisch geschlüpfte Moschusschildkröte.

Eine halbwüchsige Moschusschildkröte, *Kinosternon odoratum*. Fotos: Wolfgang Schmidt

An Kopf und Hals befinden sich auffallende gelbliche bis weißliche Linien, die bei den meisten aus Florida stammenden Tieren fehlen. Die Farbe der Weichteile ist grau-oliv bis schwarz und weist bei einigen Exemplaren auch eine helle Zeichnung auf. Die Männchen erkennt man leicht an ihrem längeren und breiteren Schwanz, der in einer hornigen, stumpfen Schuppe endet.
An den Rändern des Panzers befinden sich bei beiden Geschlechtern Duftdrüsen, aus denen bei Gefahr ein übelriechender Geruch ausströmt.
Haltung und Zucht: *Kinosternon odoratum* wird häufig angeboten und gepflegt. Die Art ist schon über mehrere Generationen nachgezogen worden und eignet sich aufgrund ihrer geringen Größe hevorragend für kleinere Gartenteiche. In jedem Fall bekommt den Tieren ein längerer Freilandaufenthalt im Sommer ausgezeichnet. Der Teich sollte für einen Wasserstand von 40 bis 60 cm ausgelegt sein. Der Bodengrund sollte nicht zu glatt sein, da die Gewöhnliche Moschusschildkröte nicht besonders gut schwimmen kann und bevorzugt am Grund wandernd nach Nahrung sucht. Eine üppige Teich- und Uferbepflanzung trägt zum Wohlbefinden der eher lichtscheuen Schildkröten bei.
Die Moschusschildkröte gewöhnt sich schnell an ihren Pfleger, der die gierigen Tiere schon bald aus der Hand füttern kann. Nimmt man die Schildkröten nur selten in die Hand, kann man einen moschusartigen Geruch wahrnehmen, dem die Schildkröten ihren Namen verdanken. Das einhergehende Drohen mit weit aufgerissenem Maul und kräftigem Strampeln wirkt gegenüber dem Pfleger angesichts der geringen Größe der Tiere nicht sehr beeindrukkend. Setzt man die Moschusschildkröte wieder ins Wasser, flüchtet sie zwar erst, kommt aber schon nach wenigen Minuten wieder futterbettelnd angeschwommen. Sie ist also, je nachdem wie häufig sich der Pfleger mit ihr beschäftigt, sehr zutraulich und nicht nachtragend.

Im Winter kann man den Tieren im Aquaterrarium bei Temperaturen von 15°C und einer Kurztagsbeleuchtung die erforderliche Ruhephase bieten. Hierfür graben sie sich meist freiwillig für einige Wochen im Substrat des Landteils ein, das in dieser Zeit auf jeden Fall immer leicht feucht zu halten ist.
Eine Substratüberwinterung von drei bis vier Monaten bei Temperaturen zwischen 6 und 10°C wird von den nördlichen Formen der Moschusschildkröte ebenfalls gut vertragen.
Paarungen finden verstärkt nach der Winterruhe im Frühjahr statt, können aber auch bis zum Herbst beobachtet werden. Ein ausdrucksstarkes Balzverhalten, wie es beispielsweise die *Trachemys*-Arten zeigen, gibt es bei der Moschusschildkröte nicht. Hier verfolgt das Männchen das Weibchen solange, bis es sich widerstandslos und recht passiv verhaltend von dem Männchen begatten läßt.
Die Weibchen vergraben ihre durchschnittlich zwei bis vier Eier umfassenden Gelege in 7 bis 10 cm tiefen, selbstgegrabenen Nestern. In der Natur bevorzugt das Moschusschildkrötenweibchen Nistplätze unter gefällten Bäumen oder unter Laub- und Abfallhaufen an der Basis großer Bäume. Es erfolgen meist zwei Eiablagen pro Jahr, in Ausnahmefällen je nach Verbreitungsgebiet auch noch mehr.
Die Eier sind etwa 25 mm lang, 16,5 mm breit und wiegen 3,8 Gramm. Bei einer gleichbleibenden Inkubationstemperatur von 23°C schlüpfen nach etwa 120 Tagen nur männliche Jungtiere. Hält man die Zeitigungstemperatur bei 28,5°C, dauert die Inkubation nur 75 Tage, und es schlüpfen ausschließlich Weibchen. Die Schlüpflinge sind 23 mm groß und können gut gemeinsam mit anderen Schildkrötenbabys aufgezogen werden. Probleme bringt die Aufzucht nicht mit sich. Es sollten jedoch zeitweise kurze Ruhephasen bei niedrigen Temperaturen erfolgen (2-3Wochen), wodurch die Tiere abgehärtet werden und ihre Vitalität gesteigert wird.
Futter: In der Natur ernähren sich die Moschusschildkröten hauptsächlich von dem, was sie am Bodengrund ihres Gewässers finden. Dazu gehören Schnecken, Krebstiere, Blutegel, Wasserinsekten, Aas und vieles mehr.
Obwohl die Moschusschildkröte nicht zu Rachitis oder Mangelerscheinungen neigt, sollten gerade die Jungtiere regelmäßig mit Vitamin- und Mineralstoffpräparaten versorgt werden. Pflanzliche Nahrung wird nur sehr selten verzehrt. Im Gartenteich gewöhnt sich die Art schnell an die üblichen Futterpellets.

Kinosternon odoratum **wird aufgrund ihrer geringen Größe gerne in kleineren Gartenteichen gepflegt. Auch die Nachzucht der zutraulichen Tiere ist schon häufig gelungen.**
Foto: Wolfgang Schmidt

Gattung: *Mauremys*

Das Verbreitungsgebiet der zur Familie der Sumpfschildkröten gehörenden Gattung *Mauremys* (Gray, 1869) erstreckt sich über Südeuropa und von Nordwest-Afrika bis nach Ostasien.
Es sind bislang fünf Arten bekannt, wobei *Mauremys iversoni* (Prichard & Mc. Cord, 1991) erst kürzlich als neue Art anerkannt und beschrieben wurde.
Für die Freilandhaltung im mitteleuropäischen Klima eignen sich *Mauremys caspica caspica, Mauremys caspica rivulata* und *Mauremys leprosa.*

Kaspische Bachschildkröte

Mauremys caspica (Gmelin, 1774), (früher: *Clemmys caspica*) Abb. S. **37, 57**

Verbreitung:

Mauremys caspica caspica (Gmelin, 1774)
Die Nominatform wird auch als Ost-Kaspische Bachschildkröte bezeichnet. Ihr Verbreitungsgebiet reicht von der mittleren Türkei bis nach Süd-Arabien und östlich bis zum Iran, Irak und Südrußland.

Mauremys caspica rivulata (Valenciennes, 1833)
Die West-Kaspische Bachschildkröte findet man im ehemaligen Jugoslawien, in Bulgarien und Griechenland, auf Zypern, in der West-Türkei und in Israel.

Lebensraum: In den meist recht trockenen Gebieten ihres Verbreitungsgebietes bewohnt die Kaspische Bachschildkröte fast alle Gewässerarten wie Flüsse, Bäche, Seen, Tümpel, Teiche und sogar Reisfelder. Stehende oder nur schwach fließende Gewässer werden bevorzugt. Obwohl die Lebensweise der Kaspischen Bachschildkröte stark an das Wasser gebunden ist, verläßt sie es gerne zu ausgiebigen Sonnenbädern. *Mauremys caspica* lebt meist in größeren Populationen. In den wärmeren Teilen des Verbreitungsgebietes kommt es vor, daß sie sich in Gewässern mit sinkendem Wasserspiegel im Schlamm eingräbt und eine Art Sommerruhe hält. Tiere aus dem Norden des Verbreitungsgebietes halten dagegen in der kälteren Jahreszeit eine Winterruhe.

Beschreibung: Der Rückenpanzer der Kaspischen Bachschildkröte ist flach, oval geformt und an der Oberfläche glatt. Die Art kann eine Länge von 25 cm erreichen. Auf den Wirbelschildern verläuft im hinteren Teil ein flacher, unscheinbarer Mittelkiel, der bei den Jungtieren stärker ausgeprägt ist. Auf den Rippenschildern der Schlüpflinge befindet sich noch ein Paar flacher Seitenkiele, die bei ausgewachsenen Tieren völlig fehlen. Die Randschilder sind nicht gesägt. Der Rükkenpanzer ist braun bis olivgrün oder schwarz und hat meist auf jedem Schild ein gelbliches, strahlenförmig angeordnetes Muster. Diese hellen Linien verblassen mit zunehmendem Alter des Tieres. Der gut entwickelte Bauchpanzer ist entweder gelb mit unterschiedlichen rötlichen bis dunkelbraunen Flecken (*Mauremys caspica caspica*) oder einfarbig dunkelbraun bis schwarz mit gelben Flecken und an den Rändern verlaufenden Linien (*Mauremys caspica rivulata*). Ein weiteres charakteristisches Merkmal zur Unterscheidung der beiden Unterarten ist die Färbung der Brücke. Während diese bei der Nominatform (*Mauremys caspica caspica*) gelb ist und entlang der Nähte dunkle Linien verlaufen, ist sie bei *Mauremys caspica rivulata* fast völlig schwarz. Die Gliedmaßen sind graubraun, dunkeloliv oder schwarz. Auf dem Kopf und am Hals verlaufen gelbliche bis cremefarbene Längslinien, die sich bei einigen Tieren auch auf den Beinen und dem Schwanz fortsetzen.

Die Männchen sind etwas kleiner als die Weibchen, haben einen konkaven Bauchpanzer sowie längere und dickere Schwänze. Ähnlich wie die Gewöhnliche Moschusschildkröte (*Kinosternon odoratum*) gibt auch die Kaspische Bachschildkröte einen penetranten, moschusähnlichen Geruch ab, wenn sich das Tier zum Beispiel dadurch bedroht fühlt, daß es in die Hand genommen wird. Haben sich die Schildkröten an regelmäßige Berührungen

Mauremys c. rivulata Foto: Wolfgang Hemmer

gewöhnt, werden riechende Sekrete nicht mehr ausgeschieden.

Haltung und Zucht: Die Kaspische Bachschildkröte gilt insgesamt als eher unempfindlich und problemlos in der Pflege. Da man in den seltensten Fällen das Herkunftsgebiet der angebotenen Schildkröten kennt, empfiehlt es sich, ihnen eine teilweise überdachte Freilandanlage zu bieten. So können auch die Tiere aus den wärmeren Zonen ihr Temperaturoptimum leicht erreichen. Die Überdachung sollte, um den sogenannten Gewächshauseffekt zu erzielen, möglichst aus lichtdurchlässigem Material bestehen (Doppelstegplatten, Glas, Folie oder ähnlichem).

Um der Schwimmfreudigkeit der Schildkröten gerecht zu werden, sollte der Teich eine Mindesttiefe von 50 bis 60 cm und eine Grundfläche von 10 m² aufweisen. Ausreichende und gut zu erreichende Sonnenplätze sind ebenfalls unbedingt erforderlich.

Die Winterruhe verbringen die Tiere am besten in einem Aquaterrarium bei Wassertemperaturen von 6-10°C. Die Paarungen finden im direkten Anschluß an die Winterruhe im Frühjahr statt. Einige Mo-

nate später erfolgt die Eiablage. Die Haupteiablagezeit liegt in den Monaten Juni und Juli. Die Gelege bestehen meist aus 6 bis 12 ovalen Eiern. Zur Zeitigung müssen sie wieder vorsichtig freigelegt und in leicht feuchtes Vermiculite gebettet werden. Bei einer Zeitigungstemperatur von 28°C schlüpfen die Jungtiere nach zirka 70 bis 90 Tagen. In freier Natur überwintern die Jungtiere aus den kälteren Verbreitungsgebieten gelegentlich sogar im Ei und schlüpfen erst im darauffolgenden Frühjahr. Nur wenn die Gelege keinem Frost ausgesetzt sind, was in unseren Breiten nicht sicher vorausgesetzt werden kann, ist diese Überwinterungsform möglich.
Bisher ist die Kaspische Bachschildkröte nur ganz vereinzelt im Gartenteich nachgezogen worden.
Futter: Kaspische Bachschildkröten bevorzugen fleischliche Kost und nehmen nur gelegentlich pflanzliche Nahrung zu sich. Ist der Teich mit Wasserpflanzen bewachsen, ist es nicht nötig, zusätzlich pflanzliche Kost anzubieten.

Maurische Wasserschildkröte

Abb. S. **56**

***Mauremys leprosa* (Schweigger, 1812),** (Früher: *Mauremys caspica leprosa*)

Verbreitung: Die Maurische Wasserschildkröte ist in den südwesteuropäischen Ländern wie Frankreich, Spanien und Portugal weit verbreitet. Weitere Populationen existieren in Marokko, im äußersten Norden von Algerien und in Tunesien. Einzelne Fundorte sind aus Mauretanien, dem Süden von Algerien, dem Norden des Staates Niger und aus dem Westen Libyens bekannt.
Lebensraum: Innerhalb ihres Verbreitungsgebietes bewohnt die Maurische Wasserschildkröte fast jedes ständig wasserführende Gewässer. Man findet die Schildkröten in Flüssen, Bächen, Tümpeln, Seen, Sümpfen, in den Gewässern von Oasen, in Bewässerungsgräben und sogar in Brackwassergebieten. Auch stark verschmutzte und belastete Gewässer werden von dieser Art bewohnt. Die nördlichen Populationen halten meist einen Winterschlaf auf dem Bodengrund ihres Gewässers, während Tiere aus den südlichen Gebieten gezwungen sind, eine Sommerruhe zu halten, um die stets heißen und trockenen Monate gut zu überdauern.
Beschreibung: Im Gegensatz zur Kaspischen Bachschildkröte besitzt die Maurische Wasserschildkröte bucklig gewölbte Rückenschilder. Selbst bei älteren Tieren sind diese Wölbungen noch gut zu erkennen. Die Grundfarbe des bis zu 25 cm lang werdenden Rückenpanzers ist hell-olivgrün bis braun. Bei Jungtieren findet man auf den Rippen und Randschildern hell gesäumte, orange bis rotbraune Augenflekken, die jedoch mit zunehmendem Alter verblassen können oder in eine einheitlich braune Färbung übergehen. Auf dem dunklen Hals verlaufen hellgelbe Längsstreifen, die sich an den Seiten des Kopfes zu einem verschnörkelten Muster umwandeln.
Haltung und Zucht: Zur Haltung im Gartenteich geeignet sind nur Tiere aus den

Die Maurische Wasserschildkröte, *Mauremys leprosa*, erreicht eine Rückenpanzerlänge von 25 cm. Die Tiere sind gute Kletterer, so daß die Umzäunung der Teichanlage entsprechend gewählt werden muß. Foto: Wolfgang Hemmer

europäischen Populationen. Obwohl die Maurische Wasserschildkröte häufig im Freiland gepflegt wird, sind keine genaueren Daten über die Fortpflanzungsbiologie bekannt.
In ihren natürlichen Lebensräumen finden Paarungen im zeitigen Frühjahr, etwa von März bis April statt. Aufgrund von Freilandbeobachtungen weiß man, daß die Paarungen auch auf dem Land stattfinden. Die Eiablage erfolgt dann von Mai bis Juni. Als Nistplätze werden sandige Stellen, die geschützt zwischen Baumwurzeln liegen, bevorzugt. In die flachen Nistgruben werden von den Weibchen sechs bis neun längliche Eier abgesetzt. Je nach dem im natürlichen Verbreitungsgebiet herrschenden Klima dauert die Eizeitigung 25 bis 75 Tage. Die Schlüpflinge sind etwa 32 mm groß und sehr scheu. Auch die erwachsenen Tiere flüchten bei der geringsten Störung sofort ins Wasser. Diese Scheu verliert sich erst nach einer längeren Haltung im Gartenteich.
Obwohl *Mauremys leprosa* insgesamt etwas plumper und schwerer als *Mauremys caspica* wirkt, ist sie dennoch ein guter Kletterer, und man muß der Umfriedung des Teiches besondere Aufmerksamkeit schenken. Auch stellt die Maurische Wasserschildkröte höhere Ansprüche an die sommerlichen Temperaturen, so daß ihr auf jeden Fall in schlechten Sommern und in den Übergangsjahreszeiten eine teilweise überdachte Freilandanlage geboten werden muß. Die Überwinterung dieser Art sollte nur kontrolliert im Keller erfolgen.
Futter: Besonders bemerkenswert bei der Maurischen Wasserschildkröte ist, daß die Nahrungsaufnahme nicht nur im Wasser stattfindet, die Schildkröten suchen auch an Land nach Futter, das hier meist aus Schnecken, Früchten, Blüten und frischen Trieben junger Pflanzen besteht. In ihrem natürlichen Lebensraum ernähren sie sich von Fischen, Fröschen, Kaulquappen, Insekten, Wirbellosen, Aas und Wasserpflanzen.

Gattung: *Trachemys*

Die Gattung *Trachemys* (Agassiz, 1857) gehört zur Familie der Sumpfschildkröten und umfaßt sechs Arten. Mit bislang 16 anerkannten Unterarten ist *Trachemys scripta* (Schoepfli, 1792) die variationsreichste Art dieser Gattung. Am bekanntesten und für die ganzjährige Haltung im Gartenteich zu empfehlen ist *Trachemys scripta elegans*, die Rotwangen-Schmuckschildkröte.

Rotwangen-Schmuckschildkröte

Abb. S. 6, 11, 12, **17**, **18**, 22, 25, **38**

***Trachemys scripta elegans* (Wied, 1839),** (früher: *Pseudemys scripta elegans*)

Sehr gut kann man sich noch an die aus Amerika stammenden Massenimporte der fünfmarkstückgroßen, wenige Wochen jungen, farbenprächtigen Schildkrötenbabys erinnern, die im Zoogeschäft für ein paar Mark billig zu haben waren. An Geschmacklosigkeit alles übertreffend, wurden sie in nierenförmigen, durchsichtigen Kunststoffschalen mit integrierter Treppcheninsel und Plastikpalme dem unwissenden Konsumenten als ideales Komplettangebot präsentiert. Die wenigen Schildkrötenbabys, die überlebten, wurden ihren Besitzern sehr schnell zu groß, und auch die anfangs so attraktive Farbenpracht verschwand mit zunehmendem Alter. Dies führte dazu, daß die Rotwangen-Schmuckschildkröten in beträchtlicher Stückzahl ausgesetzt wurden. Das zahlreiche Aussetzen der auch in unserem Klima ganzjährig überlebensfähigen Schmuckschildkröten führte zu einer Faunenverfälschung. Als gierige Allesfresser stellen sie eine Bedrohung für unsere heimischen im Wasser lebenden Tierarten dar. Im Regelfall sind die Sommer jedoch zu kurz und kühl, so daß sich die Gelege nicht entwikkeln können und es dadurch zu keiner Vermehrung kommt.

Mittlerweile gibt es eine starke Einschränkung des Importes (hauptsächlich des Massenimportes aus den USA) der Rotwangen-Schmuckschildkröte. Diese entstand nur im Hinblick auf die Faunenverfälschung und hat mit dem Schutz der Art an sich nichts zu tun. *Trachemys scripta elegans* ist in den USA weit verbreitet und keinesfalls in ihrem Bestand bedroht. Die meisten der in Massen importierten Tiere stammten damals aus speziellen Zuchtfarmen in den USA.

Glücklicherweise ist es nach wie vor kein Problem, diese Art zu erwerben, allerdings zu einem wesentlich höheren Preis als damals. Bei den heute angebotenen Schmuckschildkröten handelt es sich größtenteils um Nachzuchten aus Europa. Im folgenden wird *Trachemys scripta elegans* näher beschrieben, da diese Art, wie anfangs erwähnt, für die ganzjährige Haltung im Gartenteich bestens geeignet ist.

Verbreitung: Die Rotwangen-Schmuckschildkröte stammt aus weiten Teilen Nordamerikas. Ihr natürliches Verbreitungsgebiet erstreckt sich vom nördlichen Illinois und Indiana südwärts bis zum Golf von Mexiko und westwärts bis Südost-Iowa. Sie kommt in fast ganz Missouri, im Osten und Süden von Kansas, in Oklahoma (ausgenommen im nordöstlichen Streifen) und in der östlichen Hälfte von Texas vor.

Im Osten Nordamerikas findet man sie im Süden von Ohio, in der westlichen Hälfte von Kentucky und Tennesee bis nach Nordost-Alabama und Süd-Louisiana. Teilweise überschneidet sich ihr Verbreitungsgebiet mit dem einiger anderer Unterarten, wodurch es lokal zu Vermischungen kommen kann.

Lebensraum: Obwohl *Tracheyms scripta elegans* durch ihre Anpassungsfähigkeit in allen Süßwasserhabitaten vorkommt, vereinzelt sogar im Brackwasser, bevorzugt sie ruhige Gewässer mit weichem, schlammigem Bodengrund, üppiger aquatischer Vegetation und geeigneten Plätzen zum Sonnenbaden. Sie ist ein sehr guter Schwimmer und verläßt das Wasser nur zur Eiablage oder zum Sonnen.

Beschreibung: Die Weibchen dieser mittelgroßen Art können eine Panzerlänge von 28 cm erreichen, die Männchen dagegen nur von 18 cm.

Der Rückenpanzer ist flach, oval geformt, relativ glatt, und die hinteren Randschilder sind leicht gesägt. Während seine Grundfarbe bei älteren Tieren meist olivgrün bis braun ist, zeigen die Jungtiere ein leuchtendes Grün. Die stark variierenden Muster und Zeichnungen auf den Panzerplatten sind bei den Jungtieren leuchtend

Eine halbwüchsige Rotwangen-Schmuckschildkröte. Foto: Matthias Schmidt

gelb und selbst bei den Alttieren, obwohl insgesamt undeutlicher und nicht mehr so kontrastreich, in der Regel noch gut zu erkennen. Das bei den Jungtieren auf dem Bauchpanzerschild vorhandene individuell unterschiedliche, augenförmige, dunkle Muster wandelt sich mit zunehmendem Alter der Tiere in schwarze Flecken um. Oft ist der Bauchpanzer einfarbig dunkel oder auch ganz gelb ohne jegliche Zeichnungsmuster gefärbt.

Auf der olivgrauen bis olivbraunen Haut der Gliedmaßen befinden sich cremefarbene schmale Längsstreifen. Durch das charakteristische Merkmal, die an den Schläfen des Kopfes befindlichen roten Flecken, erhielt *Trachemys scripta elegans* den Trivialnamen Rotwangen-Schmuckschildkröte.

Zwischen den Zehen, die in scharfen Krallen enden, befinden sich gut entwickelte Schwimmhäute. Die Männchen haben längere Vorderkrallen sowie dickere und längere Schwänze als die Weibchen.

Haltung und Zucht: Die Rotwangen-Schmuckschildkröte beansprucht aufgrund ihrer Größe und ihrer Bewegungsfreudigkeit im Wasser einen entsprechend großen Gartenteich. Außerdem sollten genügend Landplätze zum Sonnenbaden vorhanden sein. Sowohl ein Teil des Ufers als auch der Wasserteil müssen mit robusten und schnellwachsenden Pflanzen versehen werden.

Die Tiere sind sehr gut für eine ganzjährige Freilandhaltung geeignet, grundsätzlich birgt jedoch eine kontrollierte Überwinterung im Aquaterrarium ein geringeres Risiko. Die Rotwangen-Schmuckschildkröten sind zur Einleitung des Fortpflanzungsverhaltens nicht auf die Winterruhe angewiesen.

Sehr interessant ist das Balzverhalten der Tiere. Das Männchen schwimmt dem Weibchen von vorn entgegen, streckt die Vorderfüße aus und zittert so dicht mit den Vorderkrallen vor dem Kopf des Weibchens, daß dieses von beiden Seiten unter streichelnd anmutenden Bewegungen berührt wird. Ist das Weibchen nicht paarungsbereit, schwimmt es entweder achtlos über das Männchen hinweg oder versucht, es zu beißen. Ist es dagegen paarungsbereit, klettert das Männchen von hinten auf den Panzer des Weibchens. Die Tiere lassen sich auf den Teichboden absinken und paaren sich dort.

Für die Eiablage nutzt das Weibchen feuchte, lockere, sandige Böden an einer sonnenbeschienenen Stelle. Mit den Hinterbeinen wird eine flache Grube ausgehoben, in die das Weibchen die Eier, die mit den Beinen aufgefangen und im Nest verteilt werden, schnell hintereinander ablegt.

Im Abstand einiger Wochen können mehrere Eiablagen erfolgen. Die Hauptablagezeit liegt im Juni und Juli. Die Gelegegröße schwankt zwischen 5 und 22 Eiern, beträgt durchschnittlich jedoch nur 8 bis 10 Eier, die eine weiße, lederartige Schale haben, elliptisch geformt und 31 bis 43 mm groß sind.

Zur Zeitigung der Gelege werden die Eier vorsichtig ausgegraben und in ein immer gleichmäßig feucht gehaltenes Substrat gebettet. Das Geschlecht der Jungtiere ist abhängig von der Zeitigungstemperatur. Bei Temperaturen von 25°C dauert die Zeitigung etwa 100 Tage, und es schlüpfen nur Männchen, bei 29°C liegt die Zeitigungsdauer bei rund 70 Tagen, und es schlüpfen nur Weibchen.

Die Schlüpflinge sind etwa 32 mm groß. Ihre Panzerform ist fast kreisrund, und ihr Gewicht liegt bei 8,5 Gramm. Bis sich der Rest des Dottersacks vollständig abgebaut hat, werden die Babys bei niedrigem Wasserstand einzeln in kleinen, täglich zu reinigenden Becken gehalten. Danach können auch mehrere Jungtiere gemeinsam aufgezogen werden. Die Einrichtung des Aufzuchtbehälters kann denkbar einfach gestaltet sein. Wichtig ist eine Möglichkeit zum Sonnenbaden an Land. Der Wasserteil sollte etwa drei Zentimeter tief sein. Die Männchen sind in einem Alter von zwei bis vier Jahren geschlechtsreif, die Weibchen erst mit fünf bis acht Jahren.

Futter: Um den Jungtieren ein gesundes Wachstum zu ermöglichen, sollten sie besonders abwechslungsreich und mit vitaminisierter und mineralstoffhaltiger Kost versorgt werden. Dazu zählen neben dem handelsüblichen Trockenfutter zum Beispiel Mückenlarven, Bachflohkrebse, Heimchen, Rind- und Fischfleisch. Während Jungtiere täglich mit Futter versorgt werden sollten, werden die älteren Schildkröten nur zwei- bis dreimal pro Woche gefüttert. Im Gegensatz zu den Jungtieren, die fast ausschließlich tierische Kost bevorzugen, nehmen die Alttiere auch gerne Äpfel, Bananen, Grünzeug und andere pflanzliche Kost zu sich.

Eine Gruppe von Rotwangen-Schmuckschildkröten. Foto: Rudolf König

Gattung: *Chelydra*

Die monotypische Gattung *Chelydra* bildet mit der ebenfalls nur eine Art umfassenden Gattung *Macroclemys* die Familie Chelydridae, die Alligatorschildkröten. Diesem Namen werden die Tiere in jeder Hinsicht gerecht, handelt es sich doch um sehr kräftige und vor allem aggressive Schildkröten, die nur in die Hand von Spezialisten gehören. Mit ihren wuchtigen Kiefern und ihren scharfen Krallen können die Schildkröten schwere Verletzungen verursachen. Aus Sicherheitsgründen darf die Art daher niemals in Teichanlagen gepflegt werden, zu denen auch Kinder Zugang haben.

Schnappschildkröte

***Chelydra serpentina serpentina* (Linnaeus, 1758)** Abb. S. **60**

Verbreitungsgebiet: Bei der Schnappschildkröte handelt es sich um eine in weiten Teilen Nordamerikas vorkommende Schildkrötenart. Ihr Verbreitungsgebiet erstreckt sich vom östlichen Teil des Kontinents, genauer von Neuschottland, Neubraunschweig und Süd-Quebec westwärts durch den Süden von Ontario bis an das nördliche Gebiet des Nipissing-Sees. Es reicht vom südlichen Manitoba bis zum südöstlichen Saskatchewan. Im Osten findet man *Chelydra serpentina serpentina* südwärts von Saskatchewan durch das westliche Nord-Dakota, Südost-Wyoming, Zentral-Colorado und Neu-Mexiko bis nach Nordost-Mexiko.

Lebensraum: In ihrem ausgedehnten Verbreitungsgebiet findet man die Schnappschildkröte in den verschiedensten Gewässerformen wie in Seen, Flüssen, Sümpfen und sogar Brackwassertümpeln. Die Art bevorzugt Gewässer ohne oder mit nur schwacher Strömung, die einen schlammigen Bodengrund und eine üppige Unterwasservegetation aufweisen. Durch ihren meist mit starkem Algenbewuchs überzogenen Panzer und ihre Vorliebe, Verstecke unter Baumstämmen, Wurzeln, Strauchwerk und unterspülten Uferrändern zu suchen, führt sie ein außerordentlich gut getarntes Leben. Eingegraben im Schlamm hält sie sich gerne in einer Wassertiefe auf, die ihr ein Luftholen durch bloßes Ausstrecken des Halses ermöglicht. Obwohl *Chelydra serpentina serpentina* eher dämmerungsaktiv ist, sonnt sie sich gerne in seichten Wasserzonen und oftmals auch an Land außerhalb ihrer ansonsten sehr beliebten feuchten und morastigen Verstecke. Da die Schnappschildkröte kein sehr guter Schwimmer ist, wandert sie auf der Suche nach Nahrung am Bodengrund der Gewässer umher.

Vor allem die Exemplare aus den nördlichen Regionen sind so unempfindlich gegenüber niedrigen Temperaturen, daß man sie bedenkenlos im Freiland überwintern kann.

Beschreibung: Allein durch ihre äußere Erscheinung heben sich die Schnappschildkröten von den meisten anderen heute lebenden Schildkrötenarten ab. Der braune, fast schwarze bis zu 50 cm lang werdende Rückenpanzer weist drei schwach ausgeprägte Längskiele auf. Die bei Jungtieren auf den Rückenschildern gut zu erkennenden strahlenförmigen Linien werden mit zunehmendem Alter und Größe immer undeutlicher. Von dem einheitlich gelblich gefärbten, stark zurückgebildeten Bauchpanzer werden die Weichteile wie Hals, Beine und Schwanz kaum bedeckt. Die Brücke ist nur durch schmale Schilder mit dem Rükkenpanzer verbunden.

Der Kopf ist sehr groß, dunkel gefärbt und weist besonders bei jüngeren Tieren auch am muskulären Hals zahlreiche Tuberkel auf. Am Kinn befinden sich zwei Tuberkel. Die leicht hakenförmigen, kräftigen Kiefer, die bei jeder Gelegenheit sofort zupacken, begründen den Trivialnamen „Schnappschildkröte“.

Schnappschildkröten sind äußerst aggressive und kräftige Schildkröten, die nur in entsprechend abgesicherten Teichanlagen gepflegt werden sollten. Foto: Rudolf König

Die muskulösen, olivgrauen Vorder- und Hinterbeine weisen zwar große Krallen, aber kaum auffallende Schwimmhäute auf.

Ab einer Carapaxlänge von 15 cm ist es möglich, das Geschlecht durch Messen des Abstandes zwischen der Kloakenöffnung und dem Hinterrand des Rückenpanzers zu bestimmen. Bei männlichen Schnappschildkröten ist dieser Abstand größer als bei weiblichen Tieren.

Haltung und Zucht: Aufgrund ihrer Größe und Wehrhaftigkeit ist diese Art nur etwas für Spezialisten! Schon bei der Planung einer Freilandanlage für Schnappschildkröten müssen ihre bevorzugte versteckte Lebensweise, ihre Aggressivität und ihre kraftvollen Bewegungen unbedingt berücksichtigt werden.

Der Teich sollte verschiedene Tiefenzonen aufweisen, die den Schildkröten an der flachsten Stelle ein Sonnenbaden ermöglichen, ohne daß die Tiere aus dem Wasser gehen müssen. Dies ist besonders im Sommer bei hohen Temperaturen wichtig, da Schnappschildkröten im Gegensatz zu anderen nordamerikanischen Schildkröten an Land relativ viel Feuchtigkeit durch Verdunstung verlieren. Die tiefste Stelle muß mindestens 100 cm aufweisen, damit gewährleistet ist, daß der Teich im Winter nicht bis auf den Grund gefriert, da die Tiere eingegraben im Bodengrund (feiner Kies, grober Sand oder ähnliches) des Teiches überwintern. Die Sauerstoffaufnahme während dieser Zeit erfolgt durch eine Analblase (Pharyngealorgan), die es den Tieren ermöglicht, Sauerstoff direkt aus dem Wasser zu ziehen.

Versteckmöglichkeiten können Wurzeln und Korkrinde, entweder befestigt oder im Wasser umhertreibend, bieten. In einigen Verstecken muß es den Tieren möglich sein, ohne Veränderung ihrer Position Luft zu holen. Steinaufbauten im Wasser sind eher ungeeignet, da die kräftigen Schnappschildkröten diese beschädigen könnten und die Gefahr besteht, daß sie unter den Steinen eingeklemmt werden. Einen mühelosen Ausstieg aus dem Wasser kann man den Tieren zum Beispiel durch einen fest verankerten Baumstamm oder einen schräg ins Wasser laufenden Holzsteg ermöglichen.

Eine Bepflanzung mit schnellwachsenden Schwimm-, Sumpf- und Wasserpflanzen (*Elodea, Potamogeton, Lemna, Nymphoides, Iris, Lysimachia* u.a.) trägt sehr zum Wohlbefinden der Tiere bei.

Im Gegensatz zu dem großzügig angelegten Wasserteil kann der Landteil recht bescheiden gehalten werden, da er in erster Linie nur zum Sonnenbaden und zur Eiablage dient. Der Bodengrund sollte hierfür nach Möglichkeit aus lockerer humoser Gartenerde bestehen und eventuell auch eine reine Sandstelle aufweisen.

Bei der Haltung von mehreren Schnappschildkröten in einem Teich müssen genügend Versteckmöglichkeiten und eine ausreichend große Grundfläche vorhanden sein.

Die gesamte Freilandanlage sollte den kräftigen Tieren entsprechend stabil und ausbruchsicher sein. Eine Umzäunung mit Palisaden, die tief in den Boden eingegraben werden, hat sich bewährt.

Die Nachzucht von in Freilandteichen gehaltenen Schnappschildkröten ist schon wiederholt geglückt. Eine Zuchtgruppe sollte aufgrund des aggressiven Verhaltens der Männchen untereinander aus nur

einem Männchen und mehreren Weibchen bestehen.
Das Paarungsverhalten beginnt im Frühjahr, und aus Freilandbeobachtungen weiß man, daß es oftmals bis zum November fortgesetzt wird. Die Eiablage erfolgt von Mai bis Oktober, wobei die Mehrheit der Weibchen im Juli ihre Gelege absetzt. In einem mit den Hinterbeinen ausgehobenen 10 bis 13 cm tiefen Nest legen die Weibchen durchschnittlich 25 Eier. Es sind aber auch Gelegegrößen von über 75 Eiern bekannt. In jeder Saison erfolgt nur eine Eiablage.
Die Zeitigungsdauer liegt je nach Temperatur zwischen 60 und 140 Tagen. Das Geschlecht der Jungtiere wird durch die Zeitigungstemperatur bestimmt. So entwikkeln sich bei sehr niedrigen (20°C) und sehr hohen Temperaturen (30°C) Weibchen, die dazwischenliegenden Temperaturen (22-28°C) verursachen die Entwicklung von Männchen.
In ihrem Verbreitungsgebiet schlüpfen die Jungtiere zwischen Ende August und Anfang Oktober, doch überdauern einige Embryonen die Wintermonate auch im Ei. Nachdem die Schildkrötenbabys das Ei mit ihrem Eizahn geöffnet haben, vergehen noch 12 bis 36 Stunden, ehe es zum vollständigen Schlupf des 24 bis 31 cm großen Nachwuchses kommt.
Schon die jungen Schnappschildkröten machen ihrem Ruf alle Ehre, so daß es sinnvoll ist, sie einzeln großzuziehen, um schlimmere Beißereien zu vermeiden.
Bei Wassertemperaturen von 25 bis 28°C tagsüber und einer Nachtabsenkung auf etwa 22°C gedeihen die Tiere prächtig. Um Atemwegserkrankungen zu vermeiden, muß die Lufttemperatur über der Wassertemperatur liegen, und auch eine gewisse relative Luftfeuchtigkeit sollte durch Abdecken der Aufzuchtanlage gewährleistet sein.
Ähnlich der Moschusschildkröte (*Kinosternon odoratum*) sondern die jungen Schnappschildkröten, wenn man sie aus dem Becken nimmt und sie sich bedroht fühlen, einen penetranten Geruch ab. Bei älteren Tieren tritt diese Warnreaktion nicht mehr auf, da sie sie durch ihre Wehrhaftigkeit nicht mehr benötigen.
Futter: Die Schnappschildkröte ist ein sehr aktiver Jäger, der am Bodengrund der Gewässer nach Nahrung sucht. Es wird sowohl das unterschiedlichste Lebendfutter verzehrt (Schnecken, Fische, Krebse, Wasservögel, Amphibien und ähnliches) als auch Aas und pflanzliche Nahrung. Aufgrund ihres gierigen Freßverhaltens bereitet dem Pfleger die Fütterung keinerlei Probleme. Je nach Größe der Tiere wird von Mückenlarven angefangen über Regenwürmer, Schnecken, Mehlwürmer, Heuschrecken, Fleisch und Fisch in verschiedensten Formen fast alles angenommen.

Die Schnappschildkröte ist ein ausdauernder und aktiver Jäger. Foto: Wolfgang Schmidt

Danksagung

Bedanken möchten wir uns bei allen, die uns mit Bildern und Informationen unterstützt haben. In alphabetischer Reihenfolge seien genannt:
Herr PD Dr. Wolfgang Böhme, Museum Alexander Koenig, Bonn; Herr Stefan Eschen, Münster; Herr Sebastian Heinekke, Wuppertal; Herr Wolfgang Hemmer, Niederstetten; Herr Peter Hoch, Waldkirch; Herr Felix Hulbert, Eltville; Herr Dr. Rudolf König, Kiel; Herr Peter Lammers, Havixbeck; Herr Elmar Meier, Nottuln; Herr David Modrý, Universität Palackého, Brno; Herr Henry Müller, Pforzheim; Frau Maria Schmidt, Münster; Herr Matthias Schmidt, Münster, und Herr Heiko Werning, Berlin.
Ganz besonders bedanken möchten wir uns bei Herrn Christian Hoffmann, Wuppertal, für die kritische Durchsicht des Manuskripts und für zahlreiche wichtige Hinweise, ebenso bei Herrn Dr. Willi Häfeli, CH-Bäriswil, für die Überarbeitung des Abschnittes Krankheiten.

Literatur

Adrian, C. (1980): Schildkröten. – Franckh'sche Verlagshandlung, Stuttgart.

Baensch, A., K. Paffrath & L. Seegers (1992): Gartenteich Atlas. – Mergus-Verlag GmbH.

Basile, I. (1982): Futter – Vitamine – Kalk. – Die Schildkröte, 3/4: 17-22.

Becker, H. (1995): Bemerkungen zur Freilandhaltung und Nachzucht von *Clemmys insculpta*. – Salamandra, Rheinbach, 31(1): 41-48.

Budde, H. (1980): Verbesserter Brutbehälter zur Zeitigung von Schildkrötengelegen. – Salamandra, Bonn, 16(3): 177-180.

Carr, A. (1968): The Turtle: A Natural History. – Cassell & Co., London.

Carr, A. (1978): Handbook of Turtles. – Cornell University Press, Ithaca, London.

Cooper, J.E. & O.F. Jackson (1981): Diseases of the Reptilia, Vol. 1 u. 2. – Academic Press, London.

Ernst, C.H. & R.W. Barbour (1989): Turtles of the World. – Smithsonian Institution Press, Washington.

Franck, G. (1988): Die Europäische Sumpfschildkröte (*Emys orbicularis*) in der Brenne/Frankreich und Aspekte ihrer Wiederansiedlung in der Bundesrepublik Deutschland. – herpetofauna, Weinstadt, 10(56): 17-23.

Gabrisch & Zwart (1995): Krankheiten der Heimtiere. – Schlütersche.

Gad, J. (1989): Drehversuche an Schildkröteneiern im Hinblick auf Schildanomalien, hier bei *Sternotherus odoratus*. – Salamandra, Bonn, 25(2): 109-111.

Gad, J. (1993): Untersuchungen zur Deckungswahl (Sichtschutz) der Schildkröten *Kinosternum subrubrum* und *Sternotherus odoratus*. – Salamandra, Bonn, 29(1): 1-5.

Golle, C. (1986): Rückblick auf die züchterische Tätigkeit der Mitarbeiter der ZAG (Zentralen Arbeitsgemeinschaft) „Schildkröten und Panzerechsen", 1980-1985. – elaphe, Berlin, 4: 57-59.

Grzimek, B. (1971): Grzimeks Tierleben, 6. Band, Kriechtiere. – Kindler Verlag AG Zürich.

Haas, A. (1985): Ganzjährige Freilandhaltung der Schnappschildkröte *Chelydra serpentina serpentina* (Linnaeus, 1758) im süddeutschen Raum (Testudines: Chelydridae). – Salamandra, Bonn, 21(1): 1-9.

Hiller, A. (1976): Trächtigkeitsuntersuchungen an Schildkröten. – Aquarien-Terrarien, Berlin, 23(12): 426-427.

Horn, H.G. (1988): BNA-Führer, Hambrücken.

Ippen, R., H.D. Schröder & K. Elze (1985): Handbuch der Zootierkrankheiten, Band 1 Reptilien. – Akademie-Verlag, Berlin.

Isenbügel, E. & W. Frank (1985): Heimtierkrankheiten. – Ulmer-Verlag, Stuttgart.

Iverson, J.B. (1992): A Revised Checklist with Distribution Maps of the Turtles of the World. – Privately Printed, Richmond, Indiana.

Jahn, J. (1974): Schildkröten. – Lehrmeister-Bücherei, Philler-Verlag, Minden.

Jahn, J. (1979): Der kleine Gartenteich und das Freiland-Aquarium. – Lehrmeister-Bücherei, Philler-Verlag, Minden.

Janson, G. (1986): Heilkur für kranke Landschildkröten. – Aquarien-Magazin, Stuttgart, 20(1): 20-24.

Jarofke & Lange (1993): Reptilien, Krankheiten und Haltung. – Paul Parey, Hamburg.

Jocher, W. (1979): Schildkröten. – Franckh'sche Verlagshandlung, Stuttgart.

Kau, H.P. (1981): Europäische Süßwasserschildkröten im Freilandterrarium. – herpetofauna, Weinstadt, 3(15): 27-29.

Kau, H.P. (1983): Erfolgreiche Nachzucht bei im Freiland gehaltenen Europäischen Sumpfschildkröten. – herpetofauna, Weinstadt, 5(24): 27-30.

Kau, H.P. & U. Thieme (1985): Die Farbe der Iris bei den drei Unterarten der Kaspischen Sumpfschildkröten *Mauremys caspica* (Gmelin, 1774) (*Testudines, Emydidae*). – Salamandra, Bonn, 21(2/3): 132-136.

Klingelhöffer, W. (1959): Terrarienkunde Bd. IV. – A. Kernen, Stuttgart.

Last, G. (1981): Kranke Schildkröten. – Die Schildkröte, 3(3): 20-24.

Lehmann, H.D. (1966): Daten zur Fortpflanzung von *Chelydra serpentina*. – Salamandra, Frankfurt, 2(1/2): 1-5.

Lilge, D. & H. van Meeuwen (1979): Grundlagen der Terrarienhaltung. – Landbuch-Verlag, Hannover.

Müller, G. (1987): Schildkröten. – Ulmer-Verlag, Stuttgart.

Müller, V. (1986): Amerikanische Rotwangen-Schmuckschildkröten und ihr Leidensweg. – Tierfreund, Soest.

Nietzke, G. (1980): Die Terrarientiere, Bd. 1 u. 2. – Ulmer-Verlag, Stuttgart.

Nietzke, G. (1984): Fortpflanzung und Zucht der Terrarientiere. Landbuch-Verlag-Hannover.

Obst, F.J. (1980): Schildkröten. – Aquarien-Terrarien-Ratgeber (AT), Reihe 12. – Urania-Verlag, Leipzig, Jena, Berlin.

Obst, F.J. (1985): Die Welt der Schildkröten. – Ed. Leipzig.

Obst, F.J., K. Richter & U. Jacob (1984): Lexikon der Terraristik und Herpetologie. – Edition Leipzig u. Landbuch, Hannover.

Parker, H.W. & A. Bellairs (1972): Die Amphibien und die Reptilien. – Editions Rencontre Lausanne.

Peters, G. (1969): Klasse Reptilia-Kriechtiere. In: Urania-Tierreich, Band 4 – Fische-Lurche-Kriechtiere. – Urania-Verlag, Leipzig, Jena, Berlin.

Petzold, H.G. (1984): Aufgaben und Probleme bei der Erforschung der Lebensäußerungen der Niederen Amnioten (Reptilien). – Verlag für Biologie und Natur, Berlin.

Reichenbach-Klinke, H.H. (1977): Krankheiten der Reptilien. – Gustav Fischer, Jena.

Rese, R. (1987): *Chinemys reevesi*. – Amph./Rept.-Kartei, Beilage zur Sauria, Berlin, 9(1): 71-72.

Rudloff, H.W. (1990): Schildkröten. – Urania-Verlag, Leipzig.

Sachsse, W. (1975): Jährliche Nachzucht bei der Chinesischen Dreikielschildkröte unter teilweise geschützten Freilandbedingungen in SW-Deutschland. – Salamandra, Frankfurt, 11(1): 7-19.

Sachsse, W. (1975): *Chinemys reevesii* var. *unicolor* und *Clemmys bealei* var. *quadriocellata* – Ausprägungen von Sexualdimorphismus der beiden „Nominatformen" (*Testudines, Emydidae*). – Salamandra, Frankfurt, 11(1): 20-26.

Schaefer, I. (1994): Haltung und Zucht der Tropfenschildkröte (*Clemmys guttata*). – Salamandra, Bonn, 30(1): 22-32.

Thieme U. (1981): Einige Bemerkungen zur Kaspischen Wasserschildkröte. – herpetofauna, Weinstadt, 3(14): 19-21.

Trutnau, L. (1983): *Clemmys insculpta* (Le Conte, 1830), eine bemerkenswerte Sumpfschildkröte aus dem nordöstlichen Nordamerika. – herpetofauna, Weinstadt, 5(22): 14-22.

Wermuth, H. & R. Mertens (1961): Schildkröten-Krokodile, Brückenechsen. – Gustav-Fischer, Jena.

Wermuth, H. (1977): Das Tierreich, Lieferung 100, Liste der rezenten Amphibien und Reptilien: *Testudines, Crocodylia, Rhynchocephalia*, – Walter de Gruyter, Berlin, New York.

Wilke, H. (1985): Schildkröten. – Gräfe u. Unzer-Verlag, München.